仮面社畜のススメ

会社と上司を
有効利用するための
42の方法

小玉 歩
Ayumu Kodama

まえがき

世の中には「利用する人」と「利用される人」の２種類しかない

「利用される人」と「利用する人」の違い

本書を手に取っていただき、ありがとうございます。

私は昨今の**「ブラック企業」**問題や**「就活自殺」**問題を見ていて、若い才能が搾取《さくしゅ》されているのが本当に無念でたまりません。

私自身、20代は会社員として過ごしてきましたので、会社という組織について思うことがあり、本書を書きました。

正直言って、**私は会社では嫌われ者**でした。クビにもなりました。ですが、私は会社員をやっていて良かったと思っています。なぜなら、私は会社を徹底的に利用し、その経験が今の自分をつくってくれたと感じているからです。

ですから、私は若い人たちに

「会社を徹底的に利用しろ!!」

と、声を大にして伝えたいと思います。もちろん、その具体的な方法は私が教えます。

もしかすると、あなたは、

「会社は面白くないけど、辞められない」
「会社を辞めたいけど、お金がない」
「自分は能力がないから、転職なんかできない」
「自分に自信が持てない」
「このままいくとウツになるかもしれない」

……などと思っているかもしれません。

でも、待ってください。立ち読みでもいいので本書を読み進めてください。

結局、世の中は**【利用される人】**と**【利用する人】**に分かれます。しかし、悲しいかな、世のほとんどの人が**【利用される人】**にされてしまうのです。なぜなら、**日本の学校教育が教えてくれるのは「自分の意見を言わない〝利用される人〟になる方**

法」だからです。

仮面社畜になれ！

だからこそ、ここで私はあえて言いたい。

「会社を徹底的に利用しろ。社畜のフリをした【仮面社畜】になれ」と。

嫌な会社、環境が悪い会社なら、今すぐ辞めてもいいかもしれませんが、多くの人はそう簡単に辞められないのが実情でしょう。しかし、我慢しながら心を病んでいったり、体を壊したりしては、人生を棒にふることになります。それだけは絶対に避けてもらいたい。

そうは言っても、多くの人が「自分なんか……」と自信をなくしています。しかし、実際は、

【利用する人】になれるかどうかは、能力ではなくマインドの問題なのです。

どういうことかと言うと、

【利用する人】の視点で物事を見ることができるかどうかの違いだけということです。

ただし、前述した通り、私たちは学校教育の中で**【利用される人】**として洗脳されていたために**【利用する人】**の視点で物事を見ることができなくなっています。

3つのマインドで「人生の主導権」を取り戻せ

そこで、本書では、あなたが読み進めていくうちに**【利用する人】**の視点が身に付くように書きました。具体的には、

- **「環境」マインド……人間関係を含むあなたを取り巻くもの**

・**「裏ワザ」マインド……仕事に関するスキルやテクニック**
・**「資源」マインド……お金と時間の使い方**

の3つについて書いています。

私が会社をクビになりながらも、毎年1億円以上を稼ぎ、自由な時間を満喫できるのも、この3つのマインドを持ちながら会社員をやってきたからに他なりません。

私は決して能力が高かったわけではありません。ただ、**「人生の主導権」だけは奪われないように生きてきました。**

「人生の主導権」を奪われれば、結局は一生、他人に利用され続けることになるでしょう。そんな人生はあまりにもったいない。

私はいろいろな活動を通して多くの人に接する中で、

「可能性のない人はいない」

と確信しています。

今すぐ本書を読んで、「人生の主導権」を取り戻してください。

目次

PART 2

脱社畜の「裏ワザ」マインド

◎「仕事」のやり方

PART 3

脱社畜の「資源」マインド

◎「お金」と「時間」の使い方

PART 1

脱社畜の「環境」マインド

「人間関係」のつくり方

1

社畜は、
上司に気に入られようとする。
仮面社畜は、
結果にフォーカスする。

上司の指示をどの程度聞くかでビジネスマンの能力が測れます。指示命令をよく聞くほうが能力が高いのではなく、どれだけ指示を聞かずに成果を出すかが重要です。

えっ？　上司の命令を指示通りこなすのが優秀な部下じゃないのか？　と思ったあなたは、すでに思考停止状態に陥っている危険があります。

指示通りに仕事をこなすと上司の評価が高まると考えているのかもしれませんが、それは「社蓄」へ向かって一直線の道です。

上司の言いなりで動き、なんでも言うことを聞く社員は、その時点で未来がないと思ってください。ましてや、ゴマをすって気に入られようとする行動は全く無意味です。

あなたの上司があなたの面倒を一生見てくれると思いますか？　もし、長い間会社にいるつもりでも、上司や幹部の評価ではなく、「自分が会社の業績のためにどんな働きができるのか？」それを考えて行動してください。

もちろん最低限の礼儀は必要ですが、私は相手が上司だからと祭りあげるのではなく、職場のパートナーとして仲良くなることを心がけていました。

上司の指示に従って動くということは、指示がないと何もできないと言っているのと同じです。

肝心なのは、自分でどれだけ判断し、動けるか。

上司の言うことを聞かないということは、自分で考えて、自分の意見をちゃんと持っているということです。**自分なりの指針を持っていれば、上司の指示と反することが出てきて当たり前なのです。**

念のために言っておくと、これは「上司の言うことができない」のとは訳が違いますので、勘違いのないように。

自分が担当している仕事の目的を達成するためには、今何をすればいいか？

仮面社畜は、場面に応じてそれが自分で判断できます。その内容が上司の指示と食い違う場合には、上司に対してははっきり自分の意見を言うこともできます。

自分がいいと思うことをきちんと主張して、それに聞く耳すら持っていない会社や上司なら、それは論外です。

意見を言うことであなたの立場が悪くなるとしたら、その上司は危険ですから、不健全な上司の元は去るべきでしょう。

場合によっては、上司の意見を聞かないで実行に移してしまってもいいと思います。これが仮面社畜流のやり方です。

結果が出れば文句は賞賛に変わります。このトレーニングができていると、いつか自分が独立したときにも役に立ちます。

前提として、確認しておきたいことがあります。それは、「上司に主張すべき意見や自論をあなたは持っていますか？」ということです。

何もないとしたら、それは大いに問題です。

未来は自分の決断がつくる

2

社畜は、どんな上司にも従う。
仮面社畜は、上司を選ぶ。

前項では、上司の言うことは聞かないことが前提、自分で最良の仕事のやり方を考える、ということを書きました。

しかし、言うことを聞かなくても上司を納得させるためには、最終的にあなた自身で実績を示す必要があります。

もうひとつ言えば、言うことを聞かなくても「しょうがないな」と許されるような人間関係を直属の上司とは構築しておいたほうがいいでしょう。

私は直属の上司にだけは、唯一、意図的にコミュニケーションをはかるようにしました。あなたの組織によって課長か係長かはわかりませんが、会社内で快適に過ごしていくためには、自分の直属の上司の評価は大きな影響力があります。

会議に出なかったり、休日出勤をしなかったり、周囲と行動しなくても「あいつは、しかたないか」という上司のひと言やフォローで、ずいぶん悪評から守られるのです。これで、最低限の居心地を確保することができます。

これはものごとをやるときに、取捨選択をするという私のやり方のひとつです。

他の人間関係はオール無視でいいので、直属の上司とだけはコミュニケーションを

良好にしておくのです。これはその上司の能力の高い低いとか、人間性とはあまり関係のない話です。

直属の上司とうまくやるコツは、ゴマをするのでもなく、媚びるのでもなく、普通につき合うことです。

上司だからと変にへりくだるのではなく、肩書きや組織の上下関係をいったん置いて、人間としての温もりを持ってつき合っていきます。相手に好かれるというよりは、仲良くなれる方法を考えるのです。

そのためには、**あなた自身が先に自己開示をしてしまうことが重要です。**

具体的には自分のプライベートの話をよくすることです。このとき、まず自分の相談をします。

人間関係をつくるとき、

「最近、彼女とうまくいっていないんですよ」

「私の弟が大学生で今こんなことをやっているんですが、どう思います?」

「最近、やたらと肩がこるんですが、いい解決法はありますか?」

こうしたプライベートな相談をされると、信頼されていると感じるので悪い気はしないもの。

すると、自分のプライベートな事柄についても、すらすらと話したくなるのです。心理学でいうミラー効果です。

今度は上司が自分の話をし始めます。好きなことや、大事にしていることや信念、信条などを話し出します。

あるときの私の上司は、馬術の趣味があったので、馬の話をよくふっていました。またある上司はお祭り好きだったので、上司の住む町のお祭りに行って一緒にお神輿を担いだこともあります。誕生日には小さなプレゼントもしていました。

最低限、相手がこの話をしたら喜ぶというネタを持っておくことは、プロのインタビュアーもよく使うテクニックです。**こちらの賞賛や感嘆するところがピンポイントで当たっていると、すごく喜ばれます。**

中には直属の上司が苦手なタイプだから困っている、という人もいるかもしれません。しかし、根っからの嫌な人間は本当はなかなかいないと思うのです。自己開示して、相手の懐に飛び込むと、意外と打ち解けてくれるもの。

仕事の指示は、たいていの場合直属の上司から出ます。ですから、会社内ではあなたにとっては避けようがない家族のようなものです。

子供は親のことが嫌いでも、自立できないうちは親の言うことを聞くしかありません。それと同じように関わりが避けられない相手とは、憎からず思われる関係をつくっておくのです。私が、社長賞を受賞したり、昇格試験で一発合格したのも、最終的に直属の上司に評価されていたことが大きかったと思われます。

これは、私が今まで伝えてきたことに一見矛盾するように感じるかもしれません。しかし、**ゲームを攻略するとき、味方につけておいたほうがいいキャラは味方にしておくほうがスムーズにゴールに向かえるもの。**

あなたが会社という器を利用して自分のやりたい人生を生きるには有効なテクニックです。

人生の全部が自分の自由にならないうちは、最低限の意図的な人間関係構築は必要です。逆に直属の上司だけとつき合っておけば、他とはいっさいつき合わなくてもいい、となればずいぶんと気が楽なもの。これが仮面社畜の真髄です。

的外れなのは、これを上司や先輩の誰にでも区別なくやってしまう八方美人的な振る舞い。そんなことをやっていてはたちまち時間が奪われ、社畜になる人生が待っています。

誰でもいいから好かれたいというのでは、自分のやりたいことがないのと一緒です。目的意識も戦略もない。

人間関係のスリム化により、社内で押さえる人間は直属の上司だけとなります。後はほったらかしでOKです。その他の上司や先輩など、社内に幅広く人間関係をつくるのは時間の無駄です。

ゲームを攻略したいなら味方にするキャラを厳選する

3

社畜は、同僚と友人になり
プライベートでも遊ぶ。
仮面社畜は、同僚と電話番号の
交換をしない。

日本の会社では、社員同士が友人のように慣れ合い過ぎです。人間として仲良くなることと、仕事のチームとして成果を出すことは全く別物だということが、わかっているのでしょうか。仲良しグループのような社員の関係には、私は嫌悪感すら覚えます。

毎日仕事で顔を合わせているのに、会社の同僚とプライベートでも遊びにいく。休日にバーベキューをやる。そこまでツルむ必要があるのでしょうか？

一生に何人と会わないくらい気が合ったとか、大親友だというならわかりますが、ほとんどは、たまたまいっとき職場空間を共にした同僚に過ぎないのです。

会社には利潤を追求する目的があり、社員同士はたまたま同じ船に乗り合わせたクルーです。**船が前により速く進むために協力するのが正解で、交流を深める仲良しグループではありません。**

日本人特有の気質だと思うのですが、皆と歩調を同じにして同じ空気感を味わっていると安心なのでしょうか。居心地を少しでもよくしたいのかもしれませんが、会社は本来、個人にとって居心地がいい場ではないのです。

あえて個人的なつき合いの場を持たなくても、仕事を発展的に進めていけば自然にキャラクターがわかり、仲良くなる奴は勝手に仲良くなります。

しかし多くの会社では、仕事以前に仲良くなることが優先して行なわれます。**そこから変な情が生まれて、利潤を追求するビジネス集団からかけ離れていくのです。**そこでは個人が集団の色に染まっているだけで、創造性のカケラもありません。

私たちの人生には限られた時間しかないのです。せめてアフター5や休日は会社以外の人に接して自分の世界を広げるべきです。

私は、入社して1年くらい経過した後、社内のつき合いの無意味さを痛感していたので、無駄と思えるつき合いをほとんど断るようになりました。すぐに「つき合いの悪い小玉」として独自のポジションを築きましたので、誘われることも減り、馴れ合い関係の同僚はひとりもいませんでした。

もちろん同僚に電話番号も教えません。おかげでプライベートに豊かな自分の時間を確保することができました。さらに退職前の最後の1、2年は面倒になり、同僚や上司に年賀状も送らなかったし、結婚式など冠婚葬祭行事にも極力出席しなかったのですが、全く問題は生じませんでした。

そんな私でも、退職後も関係が続いている元同僚がいます。もっともその人たちも私と同じように会社を飛び出した人が多いのです。会社に残っている人とは、ほとんど縁が切れています。

会社の同僚って、本当にその程度の関係です。

私の態度を見てクール過ぎると思うかもしれませんが、そうではなく自分のやりたいことに忠実に従っていただけなのです。

会社の仕事以外に常にやりたいことがありましたから、社外の友人には事欠きませんでした。社内で孤独になることを恐れて、会社の人間関係しか持たなければ、確実に視野狭窄《きょうさく》に陥っていきます。

しかし、自分が何かをやろうと思っているなら、**孤独に牙を磨く時間は絶対に必要です。**同僚と慣れ親しんで無駄な時間を過ごせば過ごすほど、自分を成長させる貴重な時間がなくなっていることを知ってください。

同僚と〝ツルめばツルむほど〟創造性がなくなる

4

社畜は、部下にやたらと
説教をして自己満足する。
仮面社畜は、部下を放ったらかし、
あえて失敗させる。

上司に対する姿勢よりも、意識すべきなのは、部下や後輩への心配りでしょう。

なぜなら上司という存在は、ある程度人格ができ上がってしまっているので、もういじりようがないのですが、**部下や後輩という存在はあなたの関わり次第で大きく影響を受け「化けて」いくからです。**

そして、部下がちゃんと育つと、あなたと共に戦う戦友に成長します。あなたと同じ意識を共有できるので、あなたの分身のような存在になるのです。

つまり、部下や目下の人間は、あなたにとってかけがえのない存在になる原石なのです。普段から、部下と接するときは「育てる」という意識を持つことが大事です。

育てると一口で言っても、どうすればいいのでしょうか。育てるときは、実はどれだけ部下を放っておけるかが勝負です。相手にあれこれと手を出し過ぎると育ちません。

まず、部下には「ミス」をさせることが大事です。

わざとミスや失敗をたくさん経験させるのです。というのも、失敗やミスの中でしか人間の成長はないからです。

口を酸っぱくして指導をするよりも、ずっと効果がありますし、逆にそれ以外に成長させる方法はないといっても過言ではありません。

逆に失敗を恐れて何もしないのは、人間にとって全く成長がありません。ミスを通じて痛い思いをして、自分で学んで考えていくのが一番です。

部下が失敗をすると、上に立つあなたは尻拭いをする機会も出てきますが、そこはこらえてやってあげましょう。それによってあなたへの信頼と忠誠心も育つというものです。

逆に、うまくいく方法についてはそんなに教える必要はありません。**あなたの近くで成果を見れば勝手に学んでいきます。**

ですから、自分のマニュアルやノウハウはどんどん開示して与えましょう。どんどんパクってもらえば、それでよいのです。

口で説明して教えることは、実はあまりありません。やたらくどくどと教えたがる上司というのは、仕事のできないビジネスマンである可能性が高い。

教えたがりの人は、自分が「デキる男」と思ってしまっているので、それ以上成長がないでしょう。

このような本当の人材育成は、今の企業の教育システムではカバーすることができません。ほとんどの仕事に業務マニュアルが用意され、ミスを許容しないシステムになっています。

ミスをしないようにと考えるのは「大企業病」の典型であり、個人の能力がもっとも育たないパターンです。

部下を自分の仕事の駒として考えるか、育てて成長させる意識があるかで、あなた自身の今後の成長も大きく変わってきます。

共に戦える「戦友」をつくる

5

社畜は、怒る場面で
感情を抑えて冷静を装う。
仮面社畜は、意図的に
怒りを表わす。

肝心な場面で怒りを武器として使えること。デキるビジネスマンにはこれができる人が多い。**感情にまかせて怒るのではなく、怒る場面を自分でちゃんと演出するのです。**

それができると、次のような場面で非常に有効に使えます。

私の例で言うと、ある商品の販促プロジェクトでのことですが、クライアント企業の担当者が気合が入っていない仕事をしているな、と感じるときがありました。

そんなときは、こちらから怒りのエネルギーを出して活を入れると、急に目が覚めたように働き出します。また、新しいビジネスの商談や打合せで初対面の相手だったとき、意味もなくこちらをナメてくるような尊大なタイプの人間もいます。ここも最初にガツンと機先《きせん》を制しておくと、その後の態度が見違えるように変わります。

要するに、自分の意に沿わない空気を敏感に感じたとき、先手を打って釘を刺しておくと、その後の仕事の流れが非常にスムーズでやりやすくなります。

このような「怒る技術」を効果的に使えるのはワンランク上のビジネスマンになるテクニックです。これに対して、イライラして感情的に周囲の人間に怒りをぶつけるのは全く別のことですので、よく区別しておいてください。

常にイライラしていて、ちょっとしたことで怒りを爆発させてしまう中間管理職がたまにいます。これは自分の感情を全くコントロールすることができていない証拠ですから、人の上に立つべき人間ではありません。

そもそもビジネスや対人交渉は思い通りにならないことだらけ。それが怒りとなって表に現れるのは、自分本位で状況把握ができない未熟な人間である可能性が高い。

たとえ部下がミスしても、ミスすることで成長するというように長期的に捉えるのが正解です。

とはいえ、感情がわき起こっているのに、抑えようとするのもよくありません。

特にまだ若く組織の最下部に属するうちは、いろいろ理不尽な要求や指示に直面して憤りを感じることが多いでしょう。こういうときは素直に怒ったり文句を言ったりしていいのです。

怒る際は、あなたにとって一番役に立つ怒り方をしましょう。たとえば、上司の文句や悪口を、同僚とランチや飲み会で言い合っていてもなんの発展も解決もありません。上司のやり方に文句があるならば、本人に言ってしまうのが実は一番なのです。

かつての日本企業では、争い事はなるべく避け、チームの和を優先する人間が賞賛され、尊いとされてきました。日本経済や景気が右肩上がりの時代にはそれでよかったのかもしれませんが、集団に迎合するだけの価値観は今や有害なものです。

「上司だから」という理由だけで自分の感情を押し殺して従うことは、あなたを本物の社畜にしていきます。

そしてリアルに社畜化された社員ばかりの会社は、早いうちに傾いていきます。

あなたの感情が動く＝不満を感じるということは、あなたの価値観にそぐわないことが起こっているのです。**自分の主義主張を持っているなら、自己表現しましょう。**

上司であろうと先輩であろうと自分の思うところをストレートに表現する訓練をしておかないと、これからのビジネスシーンでは戦えません。

そういう積み重ねが、あなたの成長にはもっとも近道なのです。

会社に迎合するビジネスマンは有害でしかない

6

社畜は、
怒られたら、すぐに謝る。
仮面社畜は、冷静に反論する。

あなたが、ある日上司に呼ばれて小言を言われたとしましょう。

そこでたじたじとなってしまうときは、あなたが仕事で全力を出していない、あるいは満足な結果を出していない可能性があります。

仮にその発言が的外れで理不尽だと感じたとき、上司に対して怒って反論ができないとしたら、ちょっと問題です。

反論できないのは、あなたが社員として仕事をきっちりこなしている自信がなく、会社に対して負い目を感じているからかもしれません。

「上司の言ってることはズレているけれど、自分もたいした仕事はしていないから、しかたないな……」

そんな思考回路になるようではいけないのです。

普段あなたが、職務を期待以上に全うしている自信があれば、こういうときに全く動じることはないでしょう。

堂々と怒りを表に出せるし、悠々と反論もできるのです。

そのためには、いつどんな突っ込みを受けても、しっかりと言い返せるだけの実績と成果を持っておく必要があります。

常にそのことを意識した仕事を心がけ、自信を持って行動しましょう。

自分の責務を十二分にこなし結果が出ていれば、たとえ若い社員であってもはっきりとモノを言っていいのです。

時には怒ることさえも、自信の現れとして強烈なアピールになるのです。

ですから、上司に叱責を受けたときの反応で、あなたの仕事ぶりがわかります。

会社に利益をもたらしている社員であれば、

「は？　何か文句でも？」

という反応がすぐに出てきます。

少々のミスはさほどの重大事ではありません。
普段、会社にどれだけの貢献をしているか？
結果を意識して過ごしてください。

常に「実績」と「成果」を出す仕事ぶりを意識する

7

社畜は、その他大勢のコモディティ社員となる。仮面社畜は、社内に敵も味方も大勢できる。

会社で認められるには、日頃から自分が社長だったら？　という意識を持つこと。もちろん社長の実際の業務は多岐にわたるので、あなたはそのすべてを理解する必要はありません。しかし、今やっているのが自分の会社でのビジネスだったら？　という問いを常に持ちながら行動することは、ビジネスマンの基本です。

そういう意識でいないと、上司に向かって意見を言うことはできません。自分は使われている身という意識では、気後れして発言できないのです。

たとえ間違っていても、知識の足りない点があってもいいのです。意見を言ってもあなたが上司に論破されてしまうかもしれません。それはそれで気づきがあっていいでしょう。

むしろ対立を恐れ過ぎる会社員の傾向・気質が私は気になります。

社員全員がコモディティ（均質）化してしまい、言いたいことがあるのに、本音を言わないほうが気持ち悪い。本音を言わないと何も前に進みはしません。

面と向かって反対意見を述べれば、そのときは冷たい空気が流れるかもしれませんが、後々とてもいい効果があります。

まず、あなた自身が、文句を押し殺して従うという「社畜」的意識にならなくてすみます。そして上司自身の思い込みに気づきが起こり、間違いが修正されるかもしれません。さらに、あなた自身の評価が社内で高まります。

上に向かって文句を言うと、社内での立場が悪くなるという恐怖があるかもしれませんが、実態は逆です。中間管理職や上層部の人間は、自分の地位や既得権益を失いたくないので、会社の上層部が決めた方針に逆らう勇気がなくなっています。

そこへ若く何も失うものがないあなたが登場し率直な意見をどんどん言えば、自分の代弁者として重宝して取り立ててくれる可能性が高いのです。

「若いのに骨のあるヤツだ」という評価が上司から得られればしめたもの。

会社の未来を背負う逸材として上司からは見られ、あなたはさらに言いたいことが言えるポジションを獲得します。

そして、本当に賢い経営者ならば、若いフレッシュな思考と行動力が会社にとって重要なものと気づいています。ですから、気概のある社員が求められているのです。

今、日本では大企業の経営陣であっても、どのようにこの先の舵取りをしていいのかわかっていません。そんな幹部連中が決めた会社方針に従い、黙って働いていると、いつの間にか業績が傾いていき、ある日突然報酬カットやリストラの危機に陥るだけです。かつての大企業の威光が凋落している原因がそこにあります。

これからの企業人は、どの部署の社員であっても経営者的視点を持ち、事業の目的や業務フローを大局的に俯瞰《ふかん》して、意見を持って行動できなければなりません。

会社の決定事項でも、おかしなところがあれば普通に指摘し、上司の指示に間違いがあれば、きちんと反論ができる人間であること。それが求められる時代です。

モノ言う社員がリーダーシップをとって、会社をどんどん牽引していくような、いまだかつてない体制が真に望まれていると思います。

今のような変化の時代はまたとないチャンスです。会社の幹部に従うことで沈みゆく船を、あなたのリーダーシップと舵取りで再び浮上させることができたら、社内にあなたの揺るぎないポジションがつくれる絶好の機会です。

「自分が社長だったら？」という意識を持つ

8

社畜は、
旧友と末永く仲がいい。
仮面社畜は、
友人が次々と変わる。

「一生の友」という概念をあなたが持っているのなら、いったん捨ててかまいません。その友人が一生の友だったかどうかは、あなたが死ぬときに初めてわかることです。

友人というのは、あなたの成長と共にどんどん相手が変わっていくものです。なぜなら、**人間の進化というものは、つき合う人間関係の変化によって引き起こされるものので、人間関係の質によって決まるからです。**

先日、お盆休みで里帰りをして同窓生の集まりに行き、昔話で大いに笑いましたが、こういうお楽しみは年に1回もあれば十分です。学生時代の思い出話は楽しいですが、今の自分の目的や仕事に役立つ情報や刺激は全くないでしょう。

昔の友人たちが悪いのではありませんが、彼らから出てくる話の内容が、毎年あまり変わっていないなら要注意です。

それは、都会に住んでいても同じこと。あなたが10年来の友人と今も仲良くつき合いを続け頻繁《ひんぱん》に会っているとしたら、少し友人関係と自分を見つめ直してください。

人間関係は、あなたの人生そのものです。

友人が変わっていないとしたら、実はあなた自身が全く前に進んでいない可能性があります。いつも会う友人たちの思考や仕事ぶりは進化していますか？　あなたと友人が同じスピードで進化しているなら、それはとても貴重な友人でしょう。

多くの場合、あなたの成長過程やステージに応じて、新しい人間が現れるので、その時々でつき合う友人は流動的に変わっていくのです。今いる友人が一生の友だと思う必要はないですし、そう思ってしまうと、あなた自身の進化が止まります。

ですから、よく会っていた友人と疎遠になったり切れたりすることを寂しいと思ったり嘆いたりする必要もありません。あなたが前に進んでいれば普通なのです。

そういう意味で言うと、あなたが生まれた地元にずっと住んでいるのはあまりよろしくありません。一度は、自分が生まれた場所の外に出てみましょう。

外の世界を知った上で、やっぱり戻りたくなったら戻ればいいのです。私は大学進学で生まれた実家を離れ、就職したときに東京に移り住みました。

そうした環境の変化がなくずっと地元にいたら、今の私はないと思います。

場所にせよ、人にせよ、価値観にせよ、「今いる場所をいったん出てみる」のはとても重要です。**今を一度壊し、外の新しい風を入れ再構築する。**未知の世界や価値観を知ることによって、今までいた場所のよさも悪さも再認識できるようになります。世界や世の中はどんどん変わっています。それなのに、あなたの人間関係が変わっていかないということは、現状維持はおろか下降している可能性があります。

そして、世の中が変わっているという認識がない人ほど「ネットでつくった人間関係なんて薄っぺらい」などと言い出すのです。今の時代、むしろインターネットでしかチャンスのある出会いは生まれないと思います。

たとえば、私が開催するセミナーでは、ネットで私を知った人が長野県から来て参加し、そこで出会った人と人生を大きく変えるような活動を始めたりしています。

こういうことが日常茶飯的で起こっているのに、ネットの影響力を根拠なく軽視する発言は、時代錯誤そのものだと思います。あの堀江貴文氏も、ＳＮＳがあれば、自分の仕事は全部完結すると言っています。それが一部の世界の特別な出来事のように思っている人は、どんどん時代から取り残されていくのです。

成長していない人ほど「同窓会」に頻繁に呼ばれる

9

社畜は、親や家族を言い訳にする。仮面社畜は、親の言うことを全く聞かない。

まず、親の発言は基本的に聞かなくていいと思ってください。これは、親への恩とか愛情とは全く別のお話ですので、誤解しないで聞いてください。

なぜ、親の言うことを聞いてはいけないのか？

親は古い世代の人間です。基本的に古い価値観しか持っていないのは、しかたのないこと。

それを「親だから尊重しなければ」といちいち聞いていては、これからの時代で成功していくあなたにとっては著しくマイナスです。

また、たいていの親は自分の成功体験というものを持っていないので「自分がやってダメだったから、おまえもこれはしないほうがいい」というネガティブなアドバイスしかできません。

これには全く説得力がありません。

「こうやってうまくいったから、あなたもやりなさい」というならまだいいのですが、こうしたアドバイスができる親は限られています。

生まれたのが早いというだけで経験値の低い親の言うことを守っても、上手くいきっこないのです。

とはいえ、ほとんどの人は生まれ育った家庭での親の洗脳が染みこんでいるので、行動を起こすとき、それが阻害要因になり成功できない場合が多いようです。

親の言うことは、内心、見下して聞くくらいで丁度いい。あなたがまだ若くても自立して働いているなら、親よりも今の世の中は見えているはずです。

そもそも、親の言うことを聞くということは親の考え方の範囲内に収まるということですので、親を超えることは決してできないでしょう。

ですから、親の価値観は一度全部捨ててみることをおすすめします。前にも書きましたが、あなたが今持っているものをいったん手放し、そこから離れるのです。

手始めに、親の洗脳から脱出してください。その際、自分で選んだ別の価値観に自ら飛び込んで洗脳されてみるのです。

好きな著者の価値観でもいいし、憧《あこが》れのアーティストの価値観でもいいですが、徹底的に心酔し、完全に自分の思考にインストールしてみるのです。なんならその相手が私でもかまいません。

これは自分で選んだ価値観ですので、やっぱり合わないと思ったら自分の意志で再び捨てることができます。

そういう過程を経たうえで、やっぱり親の価値観で生きるのが心地よいというのなら、また戻ればよいのです。

私が問題に感じるのは、親を喜ばせたいからとか親を心配させたくないから、と自分の行動の言い訳に親を使って自分を偽《いつわ》っている人間です。**これは親に洗脳されていることを自分で意識できていないので性質《たち》が悪い**。

実は勤めている会社の洗脳よりも深いので、仮に会社を飛び出したとしても、自分で道を拓《ひら》くことができません。

ひとつ補足しておきますが、学校を卒業し働いているのに、親の世話になったり援助を受けたりしているのは論外です。

給料が安くても収入が低くても、まず経済的に自立することが大前提です。親の意見を尊重したり、親孝行をしたい、などということはずっと後から考えても十分です。

もうひとつ。親の背後にいる兄弟や親戚については、さらに言うことを聞く必要はありません。

私のいとこは、私のいない場所で
「歩は稼ぎ出して会社を辞め、本を出してから態度が変わった。あいつは信用ならない」

などと言っているという話が耳に入りました。

これが妬《ねた》みや嫉《そね》みからくる発言なのか、元々私のことを好きではないのか、本人に聞かないとわかりませんが、とても悲しくなると同時に鬱陶《うっとう》しいな、と感じました。

まだ親であれば間違った意見でも愛情ゆえに言っていることもありますが、親戚レベルになると単純に世間体や羨望《せんぼう》、嫉妬《しっと》など、かなり自分勝手な理由でしかモノを言いません。

小さいときの自分を知っているというだけで偉そうな口を利かれては、たまったものではありません。

親戚が集まる冠婚葬祭に出席しても、面倒な説教を食らうだけですので適当に受け流しましょう。

「親の価値観」は「古い価値観」だと知る

10

社畜は、
社内の評価を気にする。
仮面社畜は、
社外で積極的に仕事をする。

取引先の相手というのは、好きで会っているのではなく、仕事上関わっているので、言わば義務や制約がある中で出会った人です。

仕事も、自分の欲求ではなく、会社の業務を遂行しているわけですから、基本的には自分のやりたいことではないのが普通です。

ですから基本的には社内の関係と同様、深く関わる必要はないのですが、営業マンの場合は社内の人間関係以上に相手と感情を共有している必要があります。そうしないと自社の製品は売れないので、自分の職務を果たせません。

取引相手は、自社のルールとは違う世界に出会える入り口のひとつです。「売る、買う」という取引のみで終わらせるには、少しもったいない。

全部の取引先がそうではありませんが、取引先とのつき合いが、自分の世界を広げるきっかけになることがあります。

私の場合、顧客としてアマゾン社を担当し、その業態や社内の様子を知ったことは、その後ネットを使ってビジネスを展開していくときに、かなり役立ちました。

この企業との取引を大きく伸ばしたことで社長賞を授与され表彰もされましたし、私にとっては運命的な取引先でした。

興味深い企業だったので、仕事だけのつき合いに限らず、担当者と個人的に飲みにも行きました。

「この人のことをもっと知りたい」と思うようなユニークな人に出会ったときは、私は積極的にアプローチします。

自分の知らない考え方や価値観を持っている人から受ける刺激や情報が、自分にとって一番価値が高いと思っていたからです。

ですから、仕事を通じて取引先から知らない情報を得たり、自分の見聞を広げられるとすれば、とてもいいことです。

少なくとも自分の会社内しか知らないよりは数段マシです。会社が変われば仕事の進め方も文化も全然違うものです。

その際、会社のお客さんにあたるからといって、必要以上にへりくだる必要はありません。

あくまで人間同士の礼儀をわきまえた態度でつき合うのです。

相手の何に興味を持っているかをストレートに伝え、自分のことも積極的に話します。ここでも正直な自己開示が効力を発揮するのです。

「自分と違うルールを持つ人」と積極的につき合う

11

社畜は、恋愛に依存して
中途半端に仕事をする。
仮面社畜は、恋愛にハマる
ことなく夢を着々と叶える。

男性ですから、女性の存在というのは必要なものです。仕事に向かう以外に女性の存在に癒やされたり、エネルギーをもらうこともあるでしょう。

結婚し、帰宅後にホッと休める巣を持つこともいいでしょう。妻や子の存在が仕事への大きなモチベーションになることは、私自身いつも強く実感していることです。

しかし、若いうちは、**自分のやるべきことの優先順位をはっきり意識したうえで異性とつき合うほうがいい**と思います。

その他大勢の社員とは一線を画し、未来を先取りするビジネスマンであろうとするなら、自己実現のためにやるべきこと、学ぶべきことは沢山あります。

もし万が一、交際相手のせいで自分の時間が奪われていると少しでも感じたら、そのつき合いを見直してください。

自分のやりたいことの邪魔になるくらいなら、いっそ彼女なんていなくてもいいと私は思います。

彼女の要望を満たすために、自分を犠牲にして時間を捻出しているようでは、その相手とは絶対に長く続きません。

相手に振り回されるような恋愛をしている人をたまに見かけますが、あまりに時間がもったいなさ過ぎる。

男性は女性にサービスするためにいるわけではないのです。

基本的には女性は、いろいろとかまって欲しい生き物だと思います。

マメに手をかけてあげればあげるほど喜んでくれるもの。それが度を過ぎて男性の時間を食いつぶすタイプの女性は危険です。

絶えず一緒にいることを要求されたり、一緒にいるときに自由なことをさせてくれない女性です。

「私がいるのにパソコンばっかりやって！」とか「部屋にいるときくらいは仕事をやめて」などとあれこれ口を出されては、たまったものではありません。

基準は、あなたが心からやりたいことを応援してくれる人。

そうではない異性は排除しておいたほうがいいです。重荷になってあなたがエネルギーを奪われるだけです。

極論を言うと、20代は基本的に彼女なんかいなくてもいいのです。仕事や、自分のやりたいことをやりきるのが正しい過ごし方。

本気でやりたいことに集中していたら、彼女の相手をしている時間がなくなることもよく起こります。

それが原因で別れてしまうなら仕方がないと思うべきです。

そういう時期に彼女をつくるなら、あなたを心から理解して応援してくれる寛容な相手を選びましょう。

私の場合、今の妻は幸運にも私のやりたいことにものすごく理解がありました。

会社員時代、私が帰宅後に副業ビジネスのためにずーっとパソコンに向かっていても、文句ひとつ言いませんでした。

それどころか、輸入ビジネスで売れた商品の発送のために、夜中に台車でコンビニに運ぶのを手伝ってくれたりするなど、涙ぐましい手伝いをしてくれたありがたい存在なのです。この支えがなかったら今の私はないでしょう。ある意味で戦友に等しい間柄です。

異性とのつき合いも遊びや嗜《たしな》みのひとつですので、全く知らないのは寂しいし人間的魅力に乏しくなります。

ある程度の女性体験もしておかないと、30歳を過ぎてからいきなりデビューするというのもけっこう「イタい」ので、適度に遊んでおくことはおすすめします。

ですが繰り返し言うように20代は自分の人生を拓いていくための基礎を築く時期です。だとしたら、若いうちは仕事などを通してできるだけ自分を磨いておくほうが、30代、40代になったときに有利です。恋愛や家庭を持つ相手とのつき合いはそれからでも遅くないでしょう。

仕事を通して自己実現していくことと、異性との関わりやその発展である家庭はどちらも大切なもの。

どちらかのために片方を犠牲にする必要はないのです。

ですが、順番としてはまず人生であなたがやること、つまり仕事の基盤づくりを初めにしっかりやりましょう。

「私と仕事（やりたいこと）とどっちが大切なの!?」などとすごい剣幕で迫ってくるような女性を、結婚相手として選んではいけません。

口には出さずとも「仕事のほうが大事に決まってるじゃないか！」と内心思っているのが賢いビジネスマンです。

心の中では「仕事が一番大事だ」と即答する

12

社畜は、コミュニケーションを大切にする。
仮面社畜は、ひとりの時間を大切にする。

会社に在籍していても、他の社畜社員とは違うあなたらしい道を歩みたいと思うなら、朱に交わらず自分だけの道をひとりでも歩く気概が必要です。

たくさんの制度矛盾を抱えている企業の中で、社内の常識にとどまらず自分の価値を高めていくには、ビジネスマンとして汎用性のあるスキルと、経営者的視点が必要だと色々なところで言ってきました。

経営者やリーダーというのは孤独なものです。

大勢の意見に流されることなく、冷徹な判断を下さなければいけない場面も多々あるでしょう。そのときに寂しさから他人に迎合してしまうようでは、リーダー失格です。リーダーは、自分の目標を達成するために最も効率的で早い方法を実行できるからリーダーなのであって、周りと仲良くするなんていうのは二の次です。

孤独を飼い慣らし、孤独を愛することができるからこそ、際立った決断や大きな仕事ができるのです。

ひとりの時間を持ち、それを愛せないような人は将来の見込みがありません。

何か自分に欠けたものがあるような気がしているから、他人との時間でそれを埋めようとするのです。
自分に自信があれば、本来ひとりでも人は完璧に調和のとれた存在です。調和のとれた存在同士が会うからこそ、新しいものが生まれます。依存し合っている関係からは傷のなめ合いしか生まれません。

一歩会社の外に出ていくとやっていく自信がないから、なんとか集団内の人間関係に依存して居場所を確保しようとするのです。

これに対して孤独に強い真のビジネスマンは、どこに行っても通用する戦いのスキルを持っているので、その集団内の上辺だけの情に流されません。そしていつでもビジネスをよりよい方向に持っていくアイデアを複数持っています。

企業やビジネスの存在意義は、世の中に新しい価値を提供し、対価として通貨を流通させることです。
経営コンサルタントの大前研一氏がいたマッキンゼーでは、35歳で社長が務まるように社員を教育するそうです。

平均的な日本の大企業の社長の年齢は50代以上で、60代が多いです。しかし、ビジネスマンとしての実務的な能力のピークは35歳から40歳くらいにやってきます。

そうであれば実務能力が最も高いときに社長になったほうが、より多くのことを成し遂げることができるでしょう。

しかし、今の企業の経営陣を見て、社長になりたいと思う若者はあまりいません。会社組織が抱える構造的な矛盾と不合理を背負うことや、株主や顧客に対する責任を考えるととても難しい仕事であり、到底割に合わないと感じているのです。

たとえ今の企業で社長になる気がないとしても、**経営者がどういう考えを持って企業の舵取りをしていくのかという視点は持ち続けて欲しいと思います。**

会社にこのままいるにしても飛び出すにしても、そのことは大いに役立ちます。

今は、大きな組織をつくらなくてもひとりで起業できる方法もたくさんあるのです。

孤独に強いビジネスマンだけが生き残れる

PART 2

脱社畜の「裏ワザ」マインド

「仕事」のやり方

13

社畜は、指示された仕事の範囲内で満足する。
仮面社畜は、与えられたこと＋αのクリエイティブな価値を生み出す。

経済がグローバル化するにつれ、業務のアウトソーシングが進み、気の利いた企業のほとんどが定型的業務をアウトソーシングすることで、経営のスリム化を図っています。

今までは、そのような話は工場の生産ラインなどいわゆるブルーカラーの人のお話と日本では受け止められてきましたが、実際はそうではありません。

ワイシャツにネクタイを締めたいわゆるホワイトカラーの仕事でさえも、今は国をまたいで外注できる時代がきているのです。

たとえば経理や人事、在庫管理や債権回収など、標準化できて外に出せる仕事は定型的業務なので、真っ先にアウトソーシングが可能です。

これ以外でもコールセンター、プログラムの開発、翻訳、ウェブ制作、デザイン、マーケティング、顧客管理などの業務もそれにあたります。以前なら社内や国内の人材に依頼していた業務ですが、今は国際的なクラウドソーシングが可能になりました。

クラウドソーシングとは、ネット環境のクラウド化によって海外も含めた社外の「不特定多数」の人に仕事を外注することです。アメリカのシリコンバレーには、海外のフリーランスと企業を仲介する会社がいくつも誕生し、業績を伸ばしています。

日本のコンサルタントの第一人者である大前研一氏は、こうした仲介サービスを利用し翻訳の依頼を納期1週間、7万5000円で海外に発注しましたが、同様の業務を国内で依頼したところ「納期1カ月で料金450万円」だったそうです。

これでは、仕事が海外に流れていくのは当然です。

では、そんな時代にあって、ビジネスマンとしての存在意義をどこに置いたらいいのでしょうか？　それは、**他の人ができない新しい価値を創造できる力です。**

ホワイトカラーの仕事がなくなることに、怯《おび》えているだけではじまりません。時代の趨勢《すうせい》が止められないとしたら、逆にどこにチャンスがあるのかを考えて仕事のタネを見出していくことが求められているのです。

事実、ヒット商品や儲かる会社の業態は、この10年の間にも明らかに大きく変わってきています。スマートフォンがこれだけ普及したり、SNSの加入者がこれだけ増えることを正確に予想できた人は少ないでしょうし、かつて栄華を誇った大手電機メーカーが苦境に陥ることも多くの人は予想できなかったでしょう。

つまり、今後求められるのは、いっそう変化の激しい時代に、これから売れる商品の企画であったり、不採算部門の立て直しであったり、事業計画であったり、企業の業績アップに直接つながる有機的な仕事が遂行できる能力です。

もちろんこれは、一朝一夕にできることではありません。現状分析、未来予測、仮説と検証を繰り返すことによって、時間をかけて実行してはじめて達成できること。

それには、ものごとを組み合わせて統合的に判断したり、今までにはない顧客の潜在需要を見出したり、データの解析から問題点を発見したりという分析力だけではなく、**豊かになった時代の顧客が欲しているものを、提供できるだけの遊び心や共感力、またオリジナルの物語性を紡《つむ》ぎ出す力も要求されるのです。**

英語力、ＩＴスキル、統計や会計の読解力という基礎的なハードスキルは十分に備えた上で、新しい価値を創造していくためのソフトスキルを持っていること。これが今後10年以上生き残って活躍できるビジネスマンに必要な能力です。

最前線のビジネスには遊び心が必要

14

社畜は、真面目に
会議に参加する。
仮面社畜は、会議時間を
自分の脳内作業に充てる。

あなたは、会社の会議に真正直に参加する、という意識を持っていないでしょうか？　入社して1年もすればわかると思いますが、会社の会議というものは実はほとんど意味のないものが多く、時間と人的資源の無駄づかいの典型です。

私の会社員時代も、年配の社員が会議の場で眠りこけている風景をよく見たものです。今や、会社の会議は無駄な儀式化していて目的や存在意義が問われています。

会議が無意味なケースのひとつは、有効な討議の場にはならないということ。

何か議決すべき案件があるときに会議は開かれるもの。しかし大抵の場合、会議が始まる前には、結論は出ているのです。

決議の内容はその発案者や推進部署によってすでに用意されています。**会議の場は儀礼的に全体の承認を得るために利用される、いわば出来レース。**

なぜこんなことをするのでしょうか？

それは、大きな業務を推進している部署や担当者が、失敗した場合の責任を負うのが嫌だからです。大がかりなプロジェクトやキャンペーンを開催するときは、当然失敗のリスクが伴います。なるべく、誰も責任をとりたくないのです。

その際、会議にかけておけば決議内容は「全体の意思決定である」というお墨付きを得ることができて、責任の所在が曖昧になります。「だって全体で決まったことだよね？」と言えるのですから。こうしてプロジェクトは会社の連帯責任になります。たとえ失敗しても、言い出した人間や担当部署が責任を追及されることはありません。それならば責任転嫁のための装置として会議を利用しない手はありません。

そういうわけで、会議で議事が決定される場合は、すでにシナリオがあってその仕切り役がいます。**仕切り役に都合のいいように会議は進むので、参加者はそこに添え物のように座っているだけ。こんな無駄な時間はないでしょう。**

要は、プロジェクトリーダーの責任逃れのために会議が利用されているのです。

会議が無駄なケースの2つ目は、既に決定した事項を上意下達するだけの伝達会議の場合。**月初、期末、新製品の会議など、決まりきったお約束事のように開かれるものは特に要注意です。**部署ごとに現在のプロジェクトの進行状況を発表するような会議もあります。

決定事項の確認や情報の伝達だけが目的なら、資料をつくってメールで社内回覧をすれば十分です。わざわざ大人が集まってやる内容ではありません。

それにもかかわらずこのような会議が開かれるのは「会議をしただけで仕事をした気になる」という悪しき風習を持つ50代以上の管理職の仕業です。仕事は顔を突き合わせて時間と場を共有するもの、という前時代的な発想でしかないのです。

今は、情報をどれだけ短時間で処理して成果を出せるかというのが勝負の決め手になる時代。**伝達のための会議なんて悠長なことをやっているようでは、間違いなく企業間競争に打ち勝てません。**

今はスカイプなどの無料サービスでも、映像付きで顔を見ながら全国どこにいても会議ができる時代。

ところがいまだに全国規模の会社や組織では、研修会議と称して支社長や営業所長が本社に集まって、たいして意味のない報告会議を行なっています。その出張にかかる交通費や宿泊費は全部経費です。こんな無駄はないでしょう。

何かと言えば、一堂に会して会議で時間を費やし、仕事をした錯覚に陥る。そして失敗の責任を曖昧に分散しようとする。

これは日本型の集団論理が悪い方向に働いている典型的な例です。とはいえ、この制度自体をあなたが改革しようとすると、時間がかかってしかたがありません。

ですから、やり過ごすしかないのですが、こんなとき甘んじて会議の進行をただ眺めてボーッと過ごしてしまうのは、あまりにも時間がもったいない。

私は社内である程度自由が効く仮面社畜になった頃から、「会議」について、なるべくエスケープしていましたが、それでも出席せざるを得ない会議があります。

仕方ないのでそういうときは覚悟を決めて、会議の空白時間を無駄にしないように対抗策を立てておきます。

有効な時間の過ごし方といっても、おおっぴらに内職もできないでしょうから、ここは**自分の豊かな思考の時間に活用する**ことをおすすめします。

私は会社を辞めて独立してから時間的余裕がかなりできたので、ビジネスがそれまでよりも一段と飛躍しました。

時間的余裕ができて、実作業時間がとれるのはもちろんですが、何が一番よかったかというと、それはシンキングタイムがたっぷりとれたことなのです。今いる自分の位置、これからの方向性、ビジネスの選択、戦略に大局的に想いを馳《は》せる。

この時間をじっくり持てたことは非常にプラスでした。それまでは、余裕が全くないフル回転で、会社業務と自分の副業ビジネスをいかに回すかということに心をとられて、こうした時間がなかなかとれなかったのです。

あなたも、こうした避けられない拘束時間は、脳内で作業できることを極力進めるとよいでしょう。沈思黙考《ちんしもっこう》し、今後のあなたのビジョンについてじっくりと感じてみてください。

もちろん会社の仕事の戦略立案に使ってもいいし、プライベートな副業計画や個人的な思索の時間に充ててもよいのです。会議のメモを取るふりをしてアイデアや思いつきを書き記すくらいのことはできるでしょう。

こうすることで、無意味な会議の時間を、あなたの「死んだ時間」にせずにすむのです。

会議では「沈思黙考」が鉄則

15

社畜は、上司の言うことに従おうとする。
仮面社畜は、40代以上の中間管理職の言いなりにならない。

上司の言うことを盲信してはいけません。

「課長は上司だから、言うことは絶対であり、まずは従うべきである」

これが多くの会社員が入社時に学ぶこと。たとえば年齢が40代以上ですでに会社に何十年も在籍している上司に対しては、人としての礼儀を考えても、会社でのパワーバランスを考えても、ほぼ逆らわず従おうとするでしょう。

でもこれは大きな勘違いです。単純に「上司だから」と、言うことを鵜《う》呑《の》みにしてしまうと、あなたの仕事にも人生にも大きなマイナスになる怖れがあります。

あなたが思うほど、上司は正しくもないし、能力も高くないのです。

サッカー日本代表で最年長で最多出場を誇る遠藤保仁選手は「監督の指示はあまり聞かない」そうです。それはゲームは常に流動的であり一瞬の判断が勝負の明暗を分けるので、選手自身の判断力がなければ結果を出せないとわかっているからだそうです。**上からの指示にこだわると、真剣勝負で最大限の能力を発揮できないのです。**

日本代表の指導陣は優秀だと思いますが、残念ながら会社にはビジネスセンスがなくピントがズレた指示を繰り出す、使えない上司も現実として多くいるのです。

なぜこの人が課長なんだろう？　と思わせるような上司があなたの周りにもいると思います。それも大きな会社ほど、かなりの割合で生息しています。

冷静に考えれば、40代～50代くらいで課長というのは、ポスト的に見て全然たいしたことはありません。肩書きだけの有名無実なポストも多々あります。

本当に仕事ができる人なら、すでに部長か役員クラスになっているはず。それが課長どまりということは、単純に年功序列に従ってスライド式に課長になっただけに過ぎません。あるいは、年はとったものの役職は埋まっているので、無理矢理に課長代行、課長補佐などというそれまで存在しなかった役職をひねり出して形だけあてがったのです。その結果、能力が高くない役職付きの上司がいっぱい生産されました。

ただ会社に長く在籍しているというだけで、ようやく課長にたどり着いたという、言わば**「仮面役職者」**たちなのです。

大企業ともなると、社員の平均年齢そのものが高齢化しています。自分に甘く、変化と成長を義務付けてこなかったような役職者の仕事に対するスペックやスキルは著しく低いと言わざるを得ません。あなたを含め、部下のほうが明らかに仕事能力が上ではないのかと感じることが多いでしょう。

上司に能力がないと、ひとつの仕事に対しても部下に誤った指示命令を出してしまうことが起こります。明らかに正解ではないやり方を平気でやらせようとします。

そのまま指示に従うと、全く的外れな方向に作業を進めたり、とても遠回りなやり方に時間を費やしたりする羽目になります。それでは、あなた自身が苦しいでしょうし、会社にとっても大きな損害をもたらします。仮に能力の高い上司が仕事ぶりを見た場合、あなた自身の評価も下げてしまうことになりかねません。

ですので、無能な上司の指示は、表面上はいったん受け止めたように見せかけて、華麗にスルー（無視）してしまいましょう。あなたはデキるビジネスマンですから、冷静に状況を把握して、為すべきことを粛々《しゅくしゅく》と遂行しましょう。

仕事は自分のためにやるもので、出した結果が会社に評価される世界です。間違っていると思ったら、自分のやり方に変えていいのです。

上司の指示をスルーする力を育てる

16

社畜は、自発的に動けない。
仮面社畜は、
「こうすればよくなる」という
自分なりの思考ができる。

もし、あなたが「上司が言っているから、やろう」という無思考な行動基準を半自動的に出してしまうなら、かなり気をつけなければなりません。

年功序列による階級制度が社会的に機能していた時代も確かにありました。しかし、今では完全にそれが終焉し、実力主義へ移行していると思います。グローバル化、IT化が進めば進むほどその傾向は顕著です。それは誰にも止められない世界の趨勢《すうせい》です。

日本ではまだスローなスピードでしか進行していないように見えます。それはいきなり社内制度を改編すると弊害が出るのと、**制度を変える立場にある上層部の人間自体が自分の存在証明や既得権益を脅かされかねないので、改革に及び腰なのです。**

ですが本当は、企業がそこにちゃんと対応できるかどうかは死活問題。できるだけ早く対応した企業だけが生き残っていけます。カルロス・ゴーン氏が日産を改革したとき、大勢の社員や下請け企業が切られました。

巨額の赤字を出したパナソニックやソニーもそのやり方に追随しています。対症療法的であり、もっと他に方法がないのだろうか？　とも思いますが、効果がすぐに見えるからやるのでしょう。これが企業社会で現実として行なわれていることです。

あなたはそんな現実の中で戦い、幸福な人生を築いていかなければならないのです。

実力主義を進めると、仕事に対する判断力や思考力が30歳も50歳も変わりはないとすれば、肉体的にも無理がきく若い年齢のほうが圧倒的に優位と言えます。中高年にとっては脅威ですが、若い社員にとってはこれから本当のチャンスが訪れます。

あなたが自分の経験や情報に基づいて「こうするべきだ」と思うなら、それを堂々と主張しなければいけません。もし、上司と議論を交わし論破され、相手が正しいと納得したならばそれでいいですが、本来、仕事は自分の思い通りにやるべきです。

そうしないと結果に対しての責任感も生まれませんし、学びもないのです。失敗して自分の判断が間違っていたことを知ったとき、初めてあなたの血となり肉となるのです。ですから、あなたはまず、自分の意見を必ず主張しなければならないのです。

部下の反対意見を聞く耳すら持たない会社は、まず未来がないと言えるので、去ったほうがあなたのためでしょう。年功序列の上下意識の背景にあるのは、日本的にアレンジされた儒教の考えであったり、軍隊式を受け継いだ体育会系の組織論です。

体育会で教育された社員は、上からの指示命令には絶対従うこと、与えられた目標を何がなんでも達成しようとする性質があること、また組織の秩序維持には死ぬほど忠実なので、会社を縦型で運営していくには非常に便利な存在でした。

しかし現在、世界で元気があると言われるのは、そのような封建的な社内風土の会社ではなく、グーグルやアップルのような、社員の主体性や個性が重んじられる自由な風土の企業ばかりです。どちらが創造性や自主性を育てるかは明らかです。

グーグルやアップルの社員登用の特徴は、年齢や社歴によるものではなく、完全な実力主義。指示を待たず自分から積極的に動くことができて、オリジナリティのある意見が言える社員が評価され重んじられる風土があります。

現在、画期的なヒット商品を世に出すのは、そういう自由な企業ばかりです。

年齢が上だとか社歴が長いから敬われる、高い報酬がもらえるという時代はとっくに終わりを告げました。これからは仕事も報酬も自分で取りにいく時代です。上司の指示ではなく自分で考え、自分で動く自立マインドの社員が求められています。

古い時代の常識は使えない

17

社畜は、パワポやレジメに時間をかけ熱心につくり込む。
仮面社畜は、資料なしでプレゼンをする。

先日、新幹線のグリーン車で移動していたとき、斜め前に座っているバリッとしたスーツ姿のビジネスマンがノートパソコンで仕事をしているのが目に入りました。おそらく出張へ向かう車中なのでしょう。

何気なく見ると、マインドマップを専用ソフトで描いていたのですが、ものすごくデザインに凝っているのです。枝分かれしているマインドマップのそれぞれを、12色くらいに色分けして、それはきれいに熱心に仕上げているのです。

おそらくそのままプレゼンに使用するつもりなのでしょう。彼のこだわりと熱意は買いますが、正直私は**「それって本当に必要？」**と首を傾《かし》げてしまいました。

よく起こりがちなのですが、人は仕事をしていくうちにその作業自体に埋没してしまいます。もともと性格が真面目で努力家の方ほどそうです。

なぜ、こんなことが起こるのでしょうか？

それは、**目的が手段と入れ替わってしまっているから**です。手段であるべきことが目的にすり替わり、手段に必要以上のエネルギーを注いでしまう。今の会社ではこのような間違いがあまりにも頻繁に起こっています。

たとえば会社の業務効率化が目的で会計システムを導入しようとしているのに、その導入に時間と労力を多大に注ぎ、いざ導入後も使い方を覚えるのに半年くらいかかって、結局使わないで終わってしまう。

信じられないような話ですが、名の知れた大企業でもこのようなことはしょっちゅう起こります。

手段を遂行する段階で形式にこだわり過ぎて、いつの間にかそれが仕事の目的にすり替わっているのです。

手段にエネルギーのほとんどを注いで、よい仕事をした気になってしまうという笑うに笑えない話は、日本の会社ではそこらじゅうに転がっています。

プレゼンの場面も、もちろん例外ではありません。

プレゼンとは何か？　聴衆に気づきを与えて行動を起こしてもらうことがプレゼンの目的です。

その目的を達するには、資料はさほど重要ではありません。

プレゼンで大切なのは、一番伝えたいことがちゃんと相手に伝わるということです。

ところが、プレゼンに限らず資料づくりで、デザインや細部に凝り過ぎる人がとても多い。

パワーポイントのアニメーション機能を使い過ぎたり、色をカラフルに使ったり、うるさいくらいに馬鹿丁寧な資料をつくることに執念を燃やすのです。

こだわることが目的に合っていればよいのですが、余計なことを入れ過ぎてかえって理解し難い内容になったプレゼン資料をよく見てきました。

始末が悪いことに「この資料じゃ地味だからもっと丁寧につくれ」と上司が部下に指示を出すことさえあります。

そんな手間は私から見ると全く無意味。会議やプレゼンの前に資料づくりで徹夜するなどは論外です。思い当たる節があるなら心に留めてください。

プレゼンテーションは、一番のキモ＝ポイントが伝わればいいのです。他の部分はごくシンプルにするべきです。

仕事ができる人はそこがわかっているので資料づくりもスマートです。パワーポイントを使っても、ひとつのスライドには見出しのみ。あとは伝えたいイメージを喚起する画像を効果的に使うくらい。

資料ではなくプレゼンター自身の思いとメッセージを真剣に伝えるのが一番効きます。2020年の東京五輪のプレゼンもスピーチが素晴らしかったですよね？　逆につくりこみ過ぎたプレゼン資料は、資料に頼って伝えようとしている印象を持たれてメッセージが弱くなります。

どこかに資料に頼って見た目で誤魔化そうという意識があるのです。人を一番動かすのは資料ではなく、生身の人です。

人間は、もともと大量の情報を一度に与えられても処理しきれません。**メッセージはなるべく絞って伝えたほうが確実に脳のメモリにストックされます。**

企画書もプレゼン資料も、全体のボリュームや枚数を極力減らすことを心がけてください。

こんなに少なくていいの？　と不安になるくらいでいいです。極論を言うとA4の紙1枚で収まるのがベストです。

会社員は、仕事資料のボリュームの多さに、とっくにうんざりしているので、むしろ喜ばれます。そして逆に印象に残る可能性が高くなります。

もっと極論を言えば、**資料など準備しなくてもOKです。**なぜなら、あなたがプレゼンの担当者であれば、元々あなたはその内容を骨肉化するほど熟知しているはずです。

テーマについて自分だけの体験や所感があるはずです。それをあなたの言葉で伝えることができれば十分に人は動きます。読ませるだけの資料は不要なのです。

伝えて、人を動かす。大事なのでもう一度言いますが、これがプレゼンや企画書の目的です。

小手先のテクニックを磨くより、あなたのメッセージを真剣に伝える

18

社畜は、
通勤中に日経新聞を読む。
仮面社畜は、
通勤中にスマホを見る。

日経新聞を読む＝賢いサラリーマンという前時代の遺物のような常識は早めに捨て去りましょう。

上司か先輩に「日経でも読んで経済の常識をつけろ」と言われ、そういうイメージをどこかで植えつけられているのかもしれませんが、これは今の時代は誤った認識です。確かに上司の机を見るともっともらしく日経新聞が置いてあるかもしれません。

しかしそれは、ネットで情報を得るリテラシーが低いので、未だに大手マスコミ情報や印刷物に頼るしかないだけなのです。

日経新聞で万遍なく経済情報を得たところで、あなたの仕事やプライベートに役に立ちますか？　答えはNOです。

それよりもあなたに求められているのは今の職務に対する深い知識と探究心です。少なくとも、担当している業務については社内の誰よりも詳しいし、語り尽くせる！というくらいまでは勉強して精通しましょう。今の社会で求められているのは、広範囲にわたる網羅的な知識よりは専門特化したマニアックなものなのです。

実際、私は営業マンとしてトップセールスとなり、社長賞もいただき、実力を買われて人気部署であったマーケティング部に引き抜かれましたが、日経新聞など全く購読していませんでした。この事実が全てです。

新聞社がいかに広範囲に情報網を有していても、今やネットの情報力にはかないません。一瞬にして情報がネットを通じ地球を駆け巡る時代に一新聞社の発行するメディアを毎日定期購読するという行為が時代にそぐわないのです。

いかに新聞が大メディアであっても、いろいろな利害関係や政治力が働き、情報は恣意《しい》的にコントロールされることがあります。

それよりも、**実際の現場を見ている人間の情報発信に触れられるという点で、ネット内の情報にはフィルターを通さない生の価値があります。**

東日本大震災以降の福島原発の報道を見てもよくおわかりでしょう。ニュースや大新聞の記事でどの程度事実が公表されているかは疑わしいものです。

世界に目を向けると、エジプトやチュニジアといった国では、ネット上のＳＮＳを使って国家に革命が起きるくらいの影響力を持つに至っています。

はっきり言ってしまえば、新聞で得られるような情報は、スマホが１台あれば全部カバーができてしまいます。

ですので通勤時間は、スマホを十二分に使い倒すことをおすすめします。**スマホがあれば、ネットの広大な情報源に片手ですべてアクセスすることが可能だからです。**

携帯電話がガラケーからスマホの時代になり、移動時間の過ごし方を一変させました。

あなたは、常にパソコンの前に座っているのと一緒の環境を手に入れたのです。これは通勤時間にできることの範囲と可能性を大いに広げたということです。

スマホを使って何をするかは個人によって当然違います。ですが、スマホを使いこなす人とそうでない人では、情報の深度にどんどん差がついてくるでしょう。

どこにいても携帯でネット環境に常時接続できるようになったというのは、それほど大きな変化なのです。

そんな時代に、10年後にはなくなるかもしれないと言われる新聞メディアだけが情報源でいい、とはとても言い難いでしょう。

情報を「狭く深く」収集する人が勝つ

19

社畜は、
ネット依存を非難する。
仮面社畜は、
ネットを徹底的に使う。

私がたまに目にする論調で、インターネット依存、ＩＴ依存の弊害論があります。こういう主張は**１００％無意味**だと断言できます。

これからの時代、ネットなしではどんなビジネスもコミュニケーションも、可能性が非常に限定されてしまいます。

田舎に引っ込んで自給自足の農作業をするなら別ですが、それ以外ではネットの有効活用によって生まれるチャンスは強大です。

ネットを使えば、過去には考えられなかったような情報の収集ができます。また以前なら絶対に会えなかった人にも会えるチャンスが生まれます。

今の私の周りにいる**大切なビジネスパートナーは、全員ネットがなければ会えなかった人々です。**

会社でたまたま同僚になった人々ではないところがポイントです。

そういう事実を知らない、あるいは経験したこともないのに「ネット依存には問題がある」などという輩の意見に耳を貸す必要はありません。

多くの時間を費やしているからと言ってそれを「依存」と呼び批判するのは的外れ

もいいところ。

むしろ依存に見えるくらい過度にのめり込まなければ、本質はつかめません。ネット批判をする人には、事実が見えていないとしか思えません。

ビジネスマンにとっても、ネットは今いる場所からでもスマホやタブレットPCで最速で情報が得られる素敵なツールです。

スマホを1台持っているだけで、これがどんな場所でもできます。情報検索やSNS、今や簡単な仕事すらもできてしまいます。

満員電車でぎゅうぎゅう詰めになり、手も伸ばせないという過酷な状態にあっても、ネットにつながることができるのは、素晴らしい福音です。

牢屋の奥に閉じ込められながら、穴を掘る小さなドリルを手に入れたようなものです。時間はかかるかもしれませんが、**あなたは必ず牢を脱出できる希望を手に入れた**と思ってください。

特にSNSの台頭で実名での情報開示が進んでからは、ネットから得られる情報の質が変わりました。

ネットの情報がすべてを網羅しているとは言いませんが、自分が動かずに取ることのできる情報で、最新かつ最大量のものがネットでは手に入るのです。

現に私は情報の吸収も発信もネットに集中し依存してきたからこそ、サラリーマンをやりながらでも億を超える収入を得ることができて、自由な人生を獲得しました。これは紛れもない事実。

ですから、思う存分ネットに依存してみてください。

むしろ依存するくらいネットに浸り、使いこなすことがビジネスマンには求められている時代だと思います。

どんどんネットを活用して、スマホやタブレットPCを自分の体の一部のごとく使いこなしてください。

情報を制する者だけが勝者となり得るのに、ネット依存批判者の言い分に従ってその情報の出入り口を塞ぐことは自殺行為です。

たとえば10代前半で、24時間ネット浸りでゲームばかりやり続け、人とまともに口が利けなくなったとか、ひきこもりになったというなら問題ですが、少なくともこの本を読んでいて会社に通勤できているあなたなら大丈夫。

確かに、じっと動かずにＰＣやモバイルの液晶画面を見ているのを傍から見ると、不健康で消極的に映るのかもしれません。

しかし、ネットサーフィンにしても、少なくとも自分から情報を取りにいっているので、ある意味では能動的な行為なのです。

それは、製作側の意図によって編集し並べられた新聞やテレビの情報を受け取るのとはワケが違います。

特定の番組や新聞記事だけを情報源にしていると、それぞれの媒体会社のバイアスがかかっているので、ある偏った思想や論調に染まり洗脳される危険があります。

その点、確かにネット情報の選択眼は必要になります。ネットにアクセスするとクオリティを問わず、膨大な情報の洪水にさらされるからです。

これからのビジネスマンに必要なのは、その**大量の情報源からいかに自分に必要なものを嗅ぎ分け吸収し行動に役立てるか、という取捨選択と吸収能力です。**

スマホを体の一部のように使いこなせることが、今後のビジネスマンとしての必須スキルです。

進化して変わりゆく時代にあって率先して変化を身につけていくことは、いい悪いの話ではなく、よりよく生きていくために当たり前のこと。

電車という制限された空間の中で、体の一部であるスマホを使って頭脳や知識の拡大をはかる。これがビジネスマンとしての抵抗であり可能性の追求です。

ネットに依存する人ほど自由を手に入れる

20

社畜は、
喫茶店やマンガ喫茶でサボる。
仮面社畜は、家に帰る。

会社員である以上、建前上は就労時間内にサボるのはいけないことになっています。

しかし、こういうありがちな労働時間の概念でモノを考えると「自分の時間を切り売りして給与をもらう」という意識に染まりきってしまう可能性があります。

逆に内勤の人はサボりようがないのですが、社内に拘束されてさえいれば、どんなに仕事の生産効率が悪くても給料がもらえるという勘違いが発生します。

そうではなく、社員の価値は会社に仕事でどんな利益をもたらすことができたかです。**あなたのポジションで期待以上の成果を出していれば、時間労働にこだわる必要はないでしょう。**

会社側にしてみれば、給料以上の働きをしてほしいし、社員側からすれば義務さえ果たしていればできるだけ労働時間は最小限に抑えたい。

会社と社員には雇用契約があるので、ここで境界線上の攻防が行なわれます。

営業職など外勤のビジネスマンなら、営業成績で成果を出していれば、ある程度時間を自分の裁量で使うことが可能になります。極論を言えば、毎月目標の3倍も売上げていれば毎日寝ていたっていいのです。普通は就業時間中に上手くサボりを入れている人がほとんどでしょう。会社はそこまでは管理しきれません。もちろん就業規則上、おおっぴらに許容はできませんが。

これを悪用して、外勤で仕事が面倒だからと、逃避の意識でサボるサラリーマンには、１００％未来はありません。目標も達成していないのに、同僚と喫茶店で長々と無駄話をしたり、マンガ喫茶で昼寝をするのは給料ドロボーであり、あなたの人生にとっても死んだ時間です。

仮面社畜のデキるビジネスマンは、仕事もオフもあまり区別なく楽しんで取り組むことができます。なので就業時間にサボっていたとしてもきっちり心に栄養を貯えて、逆に就業時間外でも仕事にプラスになることはどんどん取り入れます。

仮にマンガを読んでも、その中にビジネスのヒントがないか探していたり、合コンをしていても男女の駆け引きの中に人間心理の研究をしていたりするもの。

そして、デキる男の究極のサボり方は、自分の部屋に戻って過ごすことです。

自分の部屋には自分の一番大切なものが揃っているので一番有意義に無駄なく過ごすことができます。調べものや勉強、知識の吸収にあてたり、睡眠不足を解消したり、副業をやっているならそれを進める時間にしたり、創造的に時間を過ごします。

下手にお金をかけてマンガ喫茶などに入らなくても、自分の部屋に戻ればできる豊かなサボり方がいくらでもあります。

会社員のサボり方指南は、モラルに反するかもしれません。しかしこれも自分の仕事をきっちりこなし会社の期待以上の成果を出していることが前提です。

仕事が半人前のうちにサボるのは、まだ早いのです。

実力があって、それ以上にしたいことがある人にとっては、自分の時間管理の一部としてサボるのは大いにありでしょう。

"ひきこもる"ことで思わぬインスピレーションがわく

21

社畜は、遅くまで残業をして
働いた気分に浸る。
仮面社畜は、定時に帰る。

リストラや、人員削減の影響で業務量が増え、正社員のサービス残業が増えているとよく聞きます。

ですが、基本的に会社の業務は定時で終わらせられるはずです。

デキる人は、目標を達成するのに何をすれば最短ですむのかわかっていて、それしかやらないので、それほど時間をかけず自分の仕事が終わってしまいます。

デキない人はどうでもいい雑務に無駄な労力を使ってしまうので、定時内で終えることができないのです。

そして、当然のことですが、就業時間を過ぎれば会社員は帰っていいのです。

定時で帰った社員を追いかけてきて、はがいじめにして捕まえる会社などありません。トイレに行くふりをして帰る。取引先から迷わず直帰するなど、いつもなるべく早く帰れるようにチャンスをうかがっておきましょう。

これを繰り返しているうちに、皆の認識が「あいつはすぐに帰る奴だからな」と、残業しないキャラになってきますのでそれを維持しましょう。

とはいえ、社にみんな残っていたら帰りづらいことも事実です。しかし、意中の女性との初デートがあるとか、プライベートに大切な予定があったら何がなんでも帰るでしょう。

ですから、**あなたの日常には残業よりも大切なものが何もないことが問題なのです。**

もし時間内で仕事が終わらないで、残業が常態化しているなら考えてください。

残業している社員にもいくつかのパターンがあります。

定時内で終えられず、本当に残業しないと追いつかないとすれば、それは仕事のしかたが間違っているか、他人の分まで仕事をする「いい人」になっている可能性があります。

前者の場合は、自分の業務フローを見直し、無駄なことをやっていないかよくチェックしてください。

・報告書や日報書きにやたらと時間を費やしていないか?
・自分がやらなくていいことまでやっていないか?

スティーブ・ジョブズもこう言っています。

「方向を間違えたり、やり過ぎたりしないようにするには、まず『本当は重要でもなんでもない』1000のことにノーと言う必要がある」と。

仕事を一定のクオリティに保ちつつ、いかに最短で終わらせられるかは、ビジネスマンとして一番重要なスキルのひとつです。いい仕事をしたと思っていても、時間がかかり過ぎているならその価値は半減します。

また後者のパターンで、本来自分の仕事ではないことまで抱え込んでいないかを考えてください。自分がやらなくてもいいような単純作業まで引受けていたら、それはすぐに手放してください。**基本的に、あなたの成長につながる仕事以外はしなくてもよいのです。**

さらに、残業ルーティーン社員にはこんな人もいます。

周りがほとんど残業をしているので、本当は特に仕事もないのだけれど、帰りにくくてつき合いで居残りをしている、というものです。

私には信じがたいですが、こういう人は実は非常に多い。

また、残業手当欲しさに残業をしている社員もいます。

その中には、残業前提で日中の仕事をわざと遅くやっている人もいるから性質が悪いのです。

こういった残業グループが、退社した後も飲みに行ってズルズルと過ごす。これが日常的なサイクルになり、会社で過ごす時間が異様に長くなっていくのです。

無駄な残業を続けていると、次第に自分の心もマヒしていきます。本当に長時間身を粉にして働いているように自分自身で錯覚するのです。そして「こんなに会社にこき使われているのに！」と飲み会で同僚と会社への不満やグチを言い合って意気投合し始めるので本当に気味が悪いです。間違ってもそんな集団に入らないでください。

私は、午前中に大事な仕事があらかた終わるように、本当に必要なことから片づけていきましたので、午後3時～4時にはその日にできる仕事がほぼ終わり、いつでも帰ることができる状態になっていました。

本当に業務を効率化すれば十分可能です。**仕事のやり方をデキない人に合わせる必要はありません。**

皆がダラダラやっているから、みんなが残業しているからと、自分も歩調を合わせてしまっては、あなたの貴重な時間を浪費するだけです。

もし本当に社員全員の残業が常態化しているようでしたら、その会社はかなりヤバイので、自分なりの対処法を考えた方がいいでしょう。

一番危険なことは、自分の時間をそれだけ会社に費やしても平気でいられることです。

プライベートに自分の大事なことが何もない、ということが問題なのです。

私が絶対に残業をしなかったのは、その時々で、はっきりとやりたいことがあったから。すぐに家に帰ってバンド活動をしたり、副業ビジネスを進めたいというはっきりした目的がありました。

無駄な残業を自分に許しているのは、やりたいことが何もないということ。それでは**社畜養成システムの思うツボ**です。

午後3時には帰るつもりで仕事を片づける

22

社畜は、いい人ぶって
電話に出る。
仮面社畜は、電話はとらない。
メールを読まない、返信しない。

電話ほど、今していることを邪魔するものはありません。特に何かクリエイティブな作業をしているときには、集中力を一気にそがれてしまう悪魔の道具です。

電話やメールなどの連絡ツールは、会社での労働時間を食い潰し長引かせる魔物です。ここをダイエットすることができれば、かなりの時間が生まれるでしょう。

電話もメールも、相手から遠慮なく一方的にやってくるもの。これを受動的に全て処理していると自分の時間がいくらあっても足りません。

自分が計画的にやっていることを中断して、対応する必要はないのです。

ある調査では、ビジネスマンはメール処理に1日2時間以上かけているという結果も出ています。このうち本当に重要なメールがどのくらいあるのでしょう。

私は、みんなが打っているメール文章の返信内容が、ものすごく丁寧過ぎると思っています。そこまで丁寧に対応することはないと思います。

私はこのメールに返信するのは無駄に時間を食うな、と感じたときはすぐに相手に電話するようにしています。社内の人間同士でメールをし合っているのも同様です。

デキるビジネスマンは電話やメールに無駄な時間をかけずに、上手にコミュニケーションを終了します。

そして自分の為すべき仕事を優先し、成果を残すことに迷いなく意識を集中します。**効率を追求し、コストと成果のバランスを常に考えられるのが仮面社畜です。**

会社組織にいる以上、それがもっとも正しい行為だと思いますが、どうでしょう。

しかし、会社は「電話は若いものがとれ」とか「誰でも平等にとれ」という指示を出します。これは一律に全部署に平等に割りふるような業務ではなく、やはり職種によって電話に出られる人と出られない人がいると私は思います。

個人の抱えている仕事が会社にとってどういう重みを持つのかは部署と担当者によって違います。

営業マンが自分の顧客に向けたプレゼン資料を考案しているときに、全く違った事務的な電話をとると、気持ちがとぎれてしまい続きをやるマインドになかなか戻れない場合がありますので損失です。

ここは割り切って、電話は電話を受ける係りを設けるのが一番だと思います。

なお、電話で言えば、あなたの携帯も同様です。

会社に専用携帯を持たされている場合は、就業時間後は電源を切りましょう。また個人携帯でも仕事と思われる電話は、急いで出る必要はありません。たいていは翌日でもすむような他愛もないことばかりなのです。

本当に重要な電話だったら、何度もかけるでしょうから、問題はありません。**電話やメールにかける時間も積もり積もれば膨大になります。**なんとなくボーッと過ごしているとこうした外部要因にコントロールされ、どんどんあなたの時間は奪われていきます。

意識的に時間管理をし、会社にいても雑音から自分のペースを絶対に守るようなルールを決めておきましょう。

デキるビジネスマンは上手にコミュニケーションを終わらせる

23

社畜は、屁理屈をこねて相手を説得しようとする。
仮面社畜は、相手の未来の展望を見せる。

会社員である以上、商談の場面は欠かせないシーンです。営業部署でなく管理部門の所属だったとしても、備品や原材料、社内什器・備品の購入など商談の場は発生します。

ここにビジネスマンとしての交渉スキルが集約します。

交渉スキルはすなわちヒューマンスキル。

あなたがどのくらい役に立つビジネスマンであるか、如実にわかってしまいます。

たとえばあなたがセールス部門の人間だった場合を想定しましょう。

デキる社員は、セールスのとき、いわゆる売り込みをしません。

すでに相手と人間関係が構築されているので交渉要らずで売ることができるのです。

自社商品の魅力はもちろん熟知しているので、お客さんにごく自然に楽しみながら商品を買った後の未来像を見せることができます。水が流れるようにスムーズに会話が進み、いつの間にかお客さんは購入している、というパターンです。

このとき、お客さんはセールスされているという感覚がありません。売り手も買い手も一体感があり、共通の目的に向かって進んでいる感じです。

いっぽう、デキないセールスマンの商談は、交渉・駆け引き感が充満しています。なんとか屁理屈をこねて相手を説得しよう、打ち負かそうという一方通行に終始します。お客さんと営業マンが対立構造になるので冷たい空気が流れます。

「売りたい」「クロージング」という販売者側の都合が丸見えで、お客さんのほうが警戒心を抱いてしまいます。

一昔前の営業術を教える本などを見ると、お客さんを心理誘導するテクニックが満載です。これはお客さんと売る側に情報の格差がある場合に通じるテクニックです。

お客さん＝無知。売る側＝プロ。

この立場から教え導くという構図で、次第にお客さんの心を支配していきます。

今は、すでにそういう時代ではありません。お客さんはネットを通じて商品の幅広い知識を得ることができるので、営業マンの教えを請わなくてもいくらでも自分で選ぶことが可能で、しかもネット通販で購入できないものはないのです。

今や家や不動産、高級車でさえもネットで売れる時代です。つまり営業マンのライバルは、他社の人間ではなく、インターネットなのです。下手な人間による営業よりもネットの販売ページのほうがわかりやすかったら、そちらから買われてしまいます。営業職という部署自体が不要になるかもしれないのです。

セールスや商談の場も刻々と変革しているのです。

そのような時代にあって、なお売れる営業マンとはどんな人物か？

それは、セールス＝交渉という固定観念を持つのではなく、お客さんと一緒に未来の展望を見せることができる人間です。

前提として、他社優位性のない商品ではもちろん買ってもらえませんし、凡庸な商品しかない企業は即、衰退していきます。

あなたが自信を持って売れる商品しかセールスをすべきではないし、そういう商品がない会社なら去るべきです。

たまに「なんとかお願いします！」と言って頭を下げる「お願いセールス」をする人がいますが、これは販売者都合の最たるもの。仮にやったとしても、一度しか使えない荒ワザだと思ってください。

私の場合は小売業が相手の法人営業でしたので、自社の商品を使ってどんな風に得意先に売上を伸ばしていただくか？　その点の意識を共有することが全てでした。

自社の商品をたくさん買ってもらえれば私の成績は上がるわけですから、近視眼的に見ればそこがゴールです。

しかし、小売店はその商品を仕入れた後にお客さんに売れて初めて潤うわけです。ですから、自分の売上数字だけしか見ていないのと、その先の小売店のことまで考えられるのとでは、大きく差が出てしまいます。

商品を売りやすくしてあげるにはどうしたらいいのか？　メーカーとしてどんな協力ができるのか？　私の会社の商品を買ってくれるバイヤーさんが、社内で評価されるにはどうしたらよいのか？　いつもそのことを考えていました。

買い手と売り手が向かい合っているのではなく、横に並んで同じ方向を向いている。それが今の消費と販売のあり方だと思うのです。

これは個人向けのビジネスでも同じ。買ってくれたお客さんがその商品を使ってどんな幸福な生活を手に入れるのか、そこに思い至れば必然的にいろいろとアイデアが生まれます。売れない営業マンや会社はその視点が抜け落ちているのです。

今では独立してビジネスを営んでいる私にとっても、これは今も変わらぬスタンスです。こちらの願望と相手の願望が一致したとき、自然に相手が「ＹＥＳ」と言ってしまう。それが正しいセールスのやりかたです。

これはセールスに限らず、どんな場面でも通じる対人コミュニケーションの極意。これができるようになると、どんな場面でも人生はうまくいきます。

余談ですが、以前、我が社で取引先の方と会食の打ち上げでキャバクラを使い、帰ろうとしたら、黒服さんに「あと30分いてもらえませんか？　お願いします‼」と懇願され、酔いが一気に醒めたことがありました。

お店はお願いされて遊ぶ場ではないのです。本当に楽しくて、まだいたいと思ったら、自然と延長してしまうのですから。こんなことを言われると、また行きたいという気持ちにもなれません。

どうすればあなたから買いたい！　と言われるのか？　いつもそれを考えてください。

ネットを通してお客は「プロ化」していると知る

24

社畜は、クレームに
完璧に対応しようとする。
仮面社畜は、クレームは
気にしない。

会社が営業をしていればクレームは付き物です。

クレーム処理にあたるときも「あって当たり前」という感覚でいれば、いちいち余計なストレスを抱えることはありません。

クレームを言うお客は、全顧客の中である一定の割合で必ず発生するもの。どんなに対策を立てても絶対に現れます。

必要悪くらいに思っておいたほうが気が楽です。

自分のやり方がまずかったからクレームになったのでは？　と必要以上に反省してクヨクヨ思い悩んでしまう人もいますが、クレーマー気質のお客というのは、どんな対応をしてもクレームを言うもの。

常識的な対応をしていれば、それ以上気にする必要はありません。彼らはクレームをつけること自体に喜びを感じているのです。

あまり丁寧に対応をしていると、つけあがってますます調子に乗る可能性もあるのでほどほどにあしらうのが正解です。

「お客さまは神様である」

というような教育をしている会社も多いので、ことさら丁重過ぎる対応をしてしまうのかもしれません。

しかし、もともとお客さんと売り主（企業）とは、価値と価値の交換をしている対等なパートナーだというのが私の考えです。

日本人はサービスが過剰なので、勘違いをしているお客さんは王様気取りの尊大な態度で企業に接してきます。

「俺は客だぞ！」と。

そういうお客さんは長い目で見ると企業に損失をもたらすので、あまりつけあがらせないことです。

かまってもらうことが嬉しいだけの「困ったちゃん」であることが多いので、あまりかまわず無視をしていれば、つまらなくなって自然とおとなしくなります。

また大企業の場合、クレーム専門の部署を設けているところが多いので、個人で深入りせず、担当者に任せるのが一番です。

クレーマーは〝ほどほど〟にあしらう

25

社畜は、完璧主義で
仕事が遅い。
仮面社畜は、スピード優先。

仕事が早い＝仕事ができると考えて同義です。早くするコツは、取捨選択です。これ以外にありません。何をやるかと同時に、何をやらないかを決めることが重要です。

あなたの職務の中で何が一番重要でそれを達成するには何を一番にやり終えるべきか、それを理解しないまま働いている社員がとても多い。「目的と手段」の関係を正しく理解していて、**手段の部分に余計な時間をかけないこと**です。

すると、必要最低限のことしかやらなくなります。その部分にエネルギーが集中するので仕事の精度が異様に上がっていきます。時間もかかりません。次第にすごく短い時間で完成度の高い仕事ができるようになるので、周りから評価されます。

あなたが営業マンであれば最大の職務は売上を伸ばすこと。それには、自分の担当する顧客の売上を伸ばすこと、そして新規顧客の開拓です。商品を売ることにすべての業務は集約していきます。それ以外のことは、正直どうだっていいのです。

前述したように、資料づくりに時間を費やすのは無駄です。社内用の文書や報告がいい加減でも、直行直帰が多くても、多少生意気だと言われても、自分の担当する売上計画をクリアしていれば、本来であれば会社は文句を言いようがないのです。

そうすると自ずとやるべき仕事の優先順位は決まってきます。何を置いてもお客さんに取引額を増やしてもらうことが優先です。最優先事項に向かわず、どうでもいいことから始めてしまう社員は、結果的に仕事の仕上がりがとても遅くなります。後回しでいい社内文書を一所懸命つくったり、社内の人間関係構築に時間を割いたりして目標達成には関係のない行動ばかりしてしまいます。

そもそも会社には無駄な仕事が多過ぎるので、黙っていると**「仕事のための仕事」のような無意味な雑務が山のように押し寄せてくる**のが今の企業の常です。それらを全部こなしても何の成長もないし、あなたの売上も伸びません。

優先順位を決めると同時に、やらないことを決めてしまうのが大事。そうしなければ目標を上回る実績をつくることはできません。残業しないと仕事が終わらない人は余計な仕事をし過ぎです。仕事は遅いわ、質は低いわ、という悪循環に陥ります。

目標を達成するためには、ボウリングで言うとヘッドピンを倒すことが大事。トップのピンにいい角度でボールが当たれば、ピンはすべて倒れるのでに効率的です。

営業マンの場合、ヘッドピンは結局のところ取引先の心をつかみ、感情を共有することがすべてになります。商品を買ってもらう延長に相手の幸福があることはもちろん、あなたと会うこと自体が気持ちのいい体験になると、早く目的が果たされます。

ですので、私は思いつくことでお客さんが喜びそうなことはいろいろと試していました。ごく普通のテクニックですが、お土産のお菓子を買って販売員の方に配ったり、笑顔で一人ひとりに声をかけたり、そんな些細なことの積み重ねです。

でも、こういう小さな気配りが意外とできていない営業マンがほとんどです。そういうデキない営業マンに限って、社内の同僚とはやたらと仲良くしているのです。

営業マンはお客に売るのが仕事なので、社外で好かれてナンボの世界。本当は社内の人間関係などほったらかしでもいいのに本末転倒だと思います。

営業に限らず、それぞれの職務で、最短で結果を出す答えがあります。「何をやらないか」を明確にして実績をつくっていくことが、スピーディな仕事の極意です。

仕事の優先順位を決めると同時に「やらないこと」を決める

26

社畜は、最初に決まったことを
最後までやり通す。
仮面社畜は、意見も計画も
途中でどんどん変更する。

計画や方針は、どんどん途中で変更していきましょう。

よく「あのときこう決めたから」「上司があぁ言っていたから」と過去の決定事項に縛《しば》られて有効な手が打てず、行き詰まっている状態があります。

しかしビジネスにおいて、**計画や方針の変更はつきもの**です。

これだけ外部環境の変化の激しい時代にあって、むしろ変化しないことのほうがあり得ません。

ところが、日本人的感性の中に変わらないもの＝いいことのような固定観念があるのか、決めたことを守り通すことがほめられる傾向があります。

しかし、あなたがプロジェクトの責任者で、絶対に成功させたいのであれば、勇気を持って方針の転換を断行すべきときがあります。

今はビジネスのルールや市場環境が世界的に大きく変動する節目だと思います。ITやネットの発達、普及が企業活動だけでなく消費者の行動も大きく変えようとしています。

消費者の好みも多様化していますし、売れ筋の商品サイクルも短くなりました。これだけの変化についていくにはビジネスマンの頭脳もよほどフレキシブルに対応できないと無理です。

その際、売上計画もそうですが、販売ターゲット層の選定や、商品やサービスのコンセプトそのものを大胆に変更していくことも起こり得ます。

時には、販売前にプロモーションを行なって、お客さんの反応や動向を見ながら商品の最終仕様や販売戦略を決定することもあります。

ですから、状況に応じて経営者やリーダーの言うことが二転三転することは当然起こるのです。

それは、ビジネスの主義・主張・理念といったものとは別の、ビジネスマンとして売る嗅覚の問題です。

スティーブ・ジョブズはアップル社を追われて、ピクサーにいたとき、TV作品として計画されていた『トイストーリー2』を急遽《きゅうきょ》映画用の作品に変更して大ヒットに導きました。

ビジネスである以上、たくさん売ったほうがいいに決まっています。利益額は、そのままあなたの実績証明になるのです。

自信のある商品は疑いを持たず、ガンガン売りに行くべきですし、売るためには方針変更、朝令暮改も全然ありだと思うのです。

売るモノがいいモノであれば、正解はただひとつ、たくさん売ること。企業なら業績を伸ばすこと。

売れるための最良の答えが見つかったら、すぐに意見を変えてでも実行に移す変わり身の早さは、ビジネスにおいて時に徳になります。

周りの色の変化に対応して、己の色を捨て去るカメレオンのような狡猾さと、即決で方針を変えられる柔軟性と素直さが今は求められています。

ですから、計画の変更は、恐れずどんどんやっていいのです。そうでなければ第一線で活躍し続けることはできないと思います。

売るためならどんどん「朝令暮改」していい

PART
3

脱社畜の「資源」マインド

「お金」と「時間」の使い方

27

社畜は、家族もいないのに、
毎月、保険料を払い続ける。
仮面社畜は、
保険には入らない。

20代でフル装備の立派な生命保険に加入している人がいますが、これはかなりイタいことです。まだ養う妻や子もいないのですから、たとえあなたが死んだとしても保険金を残す必要があるでしょうか。それならその保険料を**有意義な自己投資に使ったほうが絶対にいい**。必要性もないのに契約してしまう保険トラップ（罠）に、まんまと騙《だま》されてはいけません。

私が新人として入社したばかりの頃は昼休みになると、会社内に生命保険の営業レディがあいさつ回りにやってきて「こんにちは」と言いながらデスクにキャンディーなどを置いて歩いていました。今思い出しても非常に不思議な光景でしたね。

生保レディは「若いうちに入っておくと保険料が安い」などとセールストークを使って新人社員を取り込もうとします。

上司や先輩もなぜか新入社員に「一応、入っとけば?」とすすめるので、周りも入っているから必要なものと考えて、よく理解もないままに契約してしまう若い社員が多い。保険商品について何も知らないまま購入してしまうのです。

後から知ったのですが、高度経済成長期の日本では潤沢な資金を持つ生命保険会社が多くの企業の大株主になっていたので、企業の入館証を無条件で発行してもらえ、営業活動することを黙認されていたのです。会社の都合で、若い社員が無防備にセールスの対象になっているわけで、考えてみればひどいことです。

さすがに近頃では、情報セキュリティの観点からも簡単に部外者が社内に入ることが難しくなりました。また保険業界の競争激化などからセールス方法も様変わりしているようですが。

確かに保険商品はある時期からは必要なもの。一家の働き手が亡くなったとき、残された家族を守るには素晴らしい仕組みです。私も今では結婚し、妻と子供がいるので、死んだら2億円あまりの保険金がおりる契約を交わしています。

しかし、20代の生命保険加入は保険会社を肥え太らせるだけで、必要が全くないことは、冷静に考えたら誰でもわかることです。毎月1万円以上のお金を要らない保険に支払い続けるくらいなら、よっぽど役に立つ使い途が他にあります。

生命保険は、周りがそうしているからなんとなく……という社畜的な行動の典型的な例のひとつです。金額というよりその無自覚、無思考ぶりが一番の問題なのです。

これに限らず会社組織や社会にはこのようなトラップが無数に存在しています。「周りと同じにしておけば問題ないだろう……」と無防備に構えていると、知らない間に経済システムの巧妙な罠にハマってしまうのです。

周りがそうだからなんとなく、という行動原理は今すぐ捨ててください。当たり前のように思っていることをもう一度考え直し、なんでそうなの？　どうしてこうなっているの？　という疑いの意識を持ってものごとを見ましょう。

世の中にあるすべての常識や慣習を疑ってかかり、自分なりの考えを確立できるのはまだ若い今の時期しかありません。

特に、お金が絡む世の中の経済活動にはすべて背景があり、意図があり、商業的なカラクリがあります。自分で見て、考えて判断できる頭を養わないと、いつまでも搾取される側の人間になってしまいます。

「周りと同じに……」という思考があなたを搾取される側の人間にする

28

社畜は、
マイホームを持ちたがり、
多額のローンの奴隷になる。
仮面社畜は、キャッシュで
買えるまで持ち家を買わない。

30年以上の多額の住宅ローンを組み、借金をしてまで家を買うのは、おすすめできません。**住む場所のために大きな借金を背負い続ける人生は、自分で人生の可能性を限定してしまうようなもので、自由を失う行為です。**

特にいろんなことにチャレンジができる20代には、間違ってもマイホームローンなどは組まないのが賢明です。

所有欲として家を持ちたいと思うのは自由ですし、キャッシュでポンと買えるなら何も問題はありません。

ところが大抵の場合、ここにも横並び意識があります。会社勤めをしていてある年代になると、家を買うという周りの行動に流されて買う人が多いのです。

とはいえマイホームローンを長期で組んで購入するのは、リスクとデメリットが大き過ぎます。

1960年代までは、実は住宅ローンという商品は日本にはありませんでした。金融政策や建築業界の策略で住宅購入のための長期ローンが戦略的に売り出されたのです。

住宅ローン減税が景気浮揚策の一環に必ず組み入れられ、家を持つことが推奨され続けてきました。

庶民はマイホーム願望を煽《あお》られ無理をしてローンを組み、土建・建築業界と金融業界は潤う。**完全に売り手側のシナリオの一部に組み込まれているのです。**

住宅ローンを組む唯一のメリットは、家族を持つ人の場合、死んだときにローンが帳消しになって家族に家を残すことができます。しかし、それ以外に経済的なメリットはありません。

バレンタインのチョコレートもそうですが、割とここ最近に意図的に流行がつくられて、一般庶民が当たり前だと思わされている危険な洗脳戦略はけっこうあります。

チョコレートで大借金をつくる人はいないでしょうが、官・民が仕組んだ「マイホーム洗脳」のせいで家を借金して買うことが当たり前になり、それによって自由がなくなる人が大勢いるのです。

不動産投資家の金森茂樹氏は、サラリーマンが長期ローンで家を買うことを「自分で牢屋に入って内側から鍵をかけるようなもの」と言っていますが真実です。

高額な住宅ローンがあるために、冒険やチャレンジが一切できなくなり、会社を辞めることもできない。あげくにリストラにあったときは青ざめるわけです。

言ってみればマイホームのローンを支払うために、ひたすら会社に奉公する人生が始まるのです。会社の中には、こうしてローンを組んで住宅を購入することを推奨し、会社からお金を貸すところもけっこうあります。怖い話です。

これは会社員を「社畜化」「奴隷化」するための巧妙な策略です。このカラクリにまんまとはまってしまい、身動きができなくなることだけは避けてください。

経済社会の見えざる仕組みに乗せられて無思考な行動をとると、行き着く先は悲劇です。

「仕かける側のシナリオ」を見極める力を持つ

29

社畜は、毎月コツコツと
積立て貯金をする。
仮面社畜は、お金ではなく
経験を貯える。

毎月、頑張って3万円を貯めている、というサラリーマンがいます。私もよくわかりますが、20代でいっぱいお小遣いが欲しいときにこれは結構大変なことです。なので、若いのに立派だとか、こういう経済観念が必要だという人もいますが、私は全く無意味だと思います。

なぜなら月に3万円の貯金をしたってたかが知れているからです。これを貯めても年間で36万円。36万円あって、何ができるでしょうか。いざというときの貯えにはならないと思います。

何をするにも全然足りないのです。ここで言ういざというときというのは、起業資金にしたり、自己投資をする際のお金です。

無理をして頑張っても、貯まるのがその程度ならば、むしろその**お金は経験を買うことに使ったほうがいい**。

36万円で海外旅行に行ってもいいし、思い切ってすごく高いお店で食事をするとか、若い成功者が集まる場所に行くのでもいい。世界で名の知れた人のセミナーやワークショップに参加してみるというのもいいかもしれません。

本当にどうしてもまとまった金額が必要な場面では、ぶっちゃけて言うと借りてもいいと思います。それが勝負どころならば。

もっとひどい人になると「僕、1日100円貯めてます」といいます。これは笑い話にもなりません。月に3000円貯めて何になるんでしょうか。

毎日コツコツ貯めること自体に価値があると思っているのでしょうか？　だとすれば**「毎日100円貯めている」という自己イメージは、むしろマイナスになります。**

若い年代は欲しいものに躊躇《ちゅうちょ》せず、お金をガンガン使って、体験できることに投資したほうが、その後の人生にリターンが大きいと思います。

たいした額の収入もない時期に、貯金という概念自体が「守り」に入っているので、行動にアグレッシブさが欠けていきます。

若いうちは、人生の計画もまだ定まってはいないでしょう。その時期に、細かいお金の設計ができるわけがないので、貯金も無駄なのです。

またお金というものは、ないからこそ、真剣に稼ごうという気持ちにもなるのです。

私が今のビジネスを始めたきっかけは、会社員時代にやりたいことにカード払いでお金を使っていたら、ボーナスが支給直後にほとんどなくなってしまうような事態に陥ったことです。その後、知りもしない株式投資に挑戦して数百万円を失い、超有名企業の社員ながら夜に居酒屋でアルバイトをする羽目になりました。

やりたいことをするためにお金が全然足りないので、もっと稼がなければ！　と思ったことがスタート地点だったのです。

東証一部上場企業に勤めていたって、お金なんてその程度なのです。

もしコツコツと毎月3万円を貯金するような人間だったら、今のような稼ぎ方もできなかったでしょうし、自由なライフスタイルも得ることはなかったでしょう。

若い世代はお金を貯えるのではなく、未来の自分へ投資をして経験値を貯えましょう。失っても取り返しがつきますし、守るべき人間もいません。体験重視で貪欲に攻めて生きることです。

「お金が足りていない人」ほど自由なライフスタイルを得るチャンスがある

30

社畜は、バーゲンセールや
福袋で要らないものを買う。
仮面社畜は、欲しいものは
どんなに高くても買う。

買い物をするときに、安易に安物を買うべきではありません。

お正月になると、福袋を並んで買った人のインタビュー映像が流れます。3万円の価格で20万円相当の商品が手に入った！ と嬉々として答えていますが、見ていてものすごく違和感を覚えます。

いくらお得でも要らないものは要らない。

そうやってお得感を求めていると、すべてにおいて金銭的なお得さだけを求める人生になります。

要らない情報、人、モノが身の周りにいっぱいあふれていると、輪郭が不明瞭で何をしたいのかよくわからない人間になるのです。

それとは逆に、自分の欲しいモノがはっきりわかり、それがどんなに高くても手に入れるという行動基準を持って生きると、そういう人生になります。

ですから、自分が欲しい商品がちょっとビビるくらい高くても、思い切って買うのが正解です。

手に入れたモノ自体に価値があるのではなく、**「買った」という経験を得ることが大事なのです。**

モノ以上に大切なのは経験です。そこにお金を使うのです。

買ったモノは決して倍にはなりませんが、あなたの経験は2倍、3倍になって次につながります。

ですから、モノを買うときは、経験が一緒についているモノがいい。

一般的に、高いモノを買うのは、すばらしい経験になります。

たとえばベンツを買うと、ディーラーのサービスや振る舞いから富裕層に属する世界が想像できます。

私は会社員時代に欲しいモノを可能な限り買っていたらクレジットカードの限度額まで使い切ってお金に窮し、彼女に借りたお金で株式投資をして失敗しました。

お金が足りない生活を味わったことで心の底から「稼ぎたい」と思いましたが、当時の消費を悔やんだことはありません。

好きなことが思う存分できるお金と、自由な時間が欲しいと願ったことが、私のビジネスのスタートだからです。

「経験」にお金を使うことで価値観を変えられる

31

社畜は、グルメ気取りで
食費が無駄にかさむ。
仮面社畜は、自分の食事に
お金も時間もかけない。

最大の趣味が美食だという方を除いて、人間は、食べ物を食うために生きるのではなく、生きるために食うのです。まして何かに熱中して取り組んでいると、食べる物などどうでもよくなってくるものです。

経験にはどんどんお金を使っていいですが、若いころに飲食費にお金をかけすぎるのはおすすめしません。

先日のこと、妻の誕生日に、予約がとれないと評判の銀座の中華料理店に行き、コースを頼みました。そのとき一番楽しみにしていたのが「フカひれの姿煮」というメニュー。いったいどんな美味かと想像しながらワクワクして行きました。

しかし、元々グルメでもない私の感想は「ふーん、確かに美味しいけど……こんなもん？」。かなり目玉が飛び出る価格だったのですが、また食べたいか？　というと私の答えはＮＯでした。それなら王将の餃子のほうが私は性に合っているのです。

とはいえ「イマイチだった」と言えるのも、それを食べた経験があるからこそ。食べ物についての会話は世界の共通言語です。

美味しい物が嫌いな人はいないので、共有できる話題になりますから、経験として美食と言われるものを味わっておくのは悪くないのです。

つまり、飲食も自分の食欲を満たすためというよりは、経験値として捉えましょう。富裕層が行くような食事とはどんなものか、それを経験するために食べるのです。

三つ星のレストランや高級料亭、また銀座の高級クラブなどがどんなものか、味わっておくことは無駄にはなりません。食べたこともない珍味、美食、名店と言われるところは味わっておきましょう。

成功者が行くお店では、そこに来る客層や従業員の態度からその世界を味わうことができます。成功している人と食事ができる機会があれば迷わず参加しましょう。

ですが、そこで勘違いをして表面の形だけを真似ることは意味がありません。お金持ちは高級なご飯を食べているから、自分も高い食材ばかりを買うようにするとか、ブランド品で身の回りを固めれば金持ちになれるというわけではありません。

当然ですが、高級な食事をしたり高価なものを身に着けているから彼らは成功したわけではなく、成功した結果としてそのような生活になっただけなのです。

普段の生活で美食やグルメなどに過度に凝る必要はありません。

若いときに食費にお金が消えていくのは正直もったいない。仮に、毎日3000円の食費がかかっていたら、ひと月に約10万円もかかることになります。20代の給料で、これは無駄な出費です。毎日同僚と行く1000円のランチは、もっと有効な社外活動に充ててください。そもそも毎日顔を見ている同僚たちと、ダラダラお昼休みを共有することは時間の無駄です。それなら公園のベンチでコンビニのサンドイッチをつまみながらスマホを使って情報収集をしていたほうがずっと価値があります。

要は飲食代はメリハリを考えて使うこと。美味しい料理、一流の店の雰囲気を知ってさえいれば、普段のあなたはサンドイッチやおにぎりを食べていても全然かまわないわけです。そういう私も、普段の食生活は年収1億円を超える前も後もあまり変わりありません。相変わらず普通にスーパーで食材を買ってきます。

食、睡眠、性といった生理的な欲求は、体験価値のあるものは味わっておき、ひとりのときは必要最低限でよいのではないかと考えます。

同僚とのランチ代を社外活動のために充てる

32

社畜は、仕事を時給換算して
給与を欲しがる。
仮面社畜は、
仕事内容にこだわる。

ヤフージャパンが「年収1億円」が可能な新しい人事報酬制度を発表して話題になりました。これは、評価次第で給与やボーナスが2～3倍に増やせる仕組みを取り入れ、理論上年収1億円が可能になったということです。

実際にそれだけの年収社員が誕生するか未知数ですが、試みとしては面白いと思いました。

仕事の成果が給与に反映されないことに不満を持った私は、副業から起業し年収1億円を超えました。サラリーマンとして年収1億円プレイヤーが誕生するかどうか見守りたいと思います。

いずれにしても、自分が今の会社でもらっている給与の額には、いつも疑問と検証の目を向ける気持ちを持ちましょう。

世の中で公表されている数値データなどに惑わされることはありません。

サラリーマンの平均年収は今400万円と少しと言われていて、これはここ20年で約100万円のダウン。先進国でもこんなに下がった国は例がないそうです。年収が下がってしまうのは、日本経済が構造的に問題を抱えている証拠。

では自分の年収と平均値である400万円を比較して「上回ってる。よかった」「自分は恵まれている」と思いますか？

他人との比較や平均値でモノを考えるのは、周りに行動を合わせる思考停止の社畜社員と同じです。問題はあなたが自分の働きと給与を自分でどう感じるか。

今は安い給与でも「将来はだんだん上がっていくから我慢しよう」ともし思っているなら、即刻そのような考えは捨ててください。

日本では、若い社員は有能であってもできるだけ低コストで使っていいという風潮があります。年功序列が生きていた時代の給与制度では20代、30代が低い給与に甘んじて、50代くらいで年収のピークを迎えるのが過去の給与体系でした。

しかしそれは高度成長期で終身雇用が生きていた頃のお話で、そんな悠長な時代はとっくに終わりを告げ、今の給与のピークはだいたい42歳くらいになっています。

そして40代〜50代のベテラン社員の年収が企業にとっては重い足かせになっています。そのために早期退職制度をほとんどの企業で採用しているのです。

まともな頭を持った経営陣であればこのヒズミにとっくに気づいているのですが、

自分たちの既得権益を守るために思いきった改革に踏み込めません。

そのため年功序列型の待遇、給与制度がまだしぶとく残っていて、それが若い社員の給与アップの妨げになっています。

ですから、若いうちに苦労や我慢を重ねれば年数を経ていつか報われる、なんてことはもう幻想となりつつあるのです。

今後10年で企業の人事評価や給与制度はさらに変わっていくでしょう。実力主義は日本の風土に合わないという生ぬるい論議がされていましたが、実際にそうなれない企業は存続していけない時代に突入しています。

アメリカでは元々そういった序列型賃金の考えが少ないので、若い20代のうちに荒稼ぎをしてアーリーリタイヤしてしまう人が多数います。

リタイヤすることがいいとは私は全然思いません。しかし「若いうちは給与が安くても我慢するもの」という妙な価値観に同調しているべきではないのです。

もうひとつ、給与を考えるときに、多くの社員が陥っているのが「このくらいの時間働いたのだから、これくらいはもらえる」という時間給発想です。

休日出勤し、サービス残業して、これだけ会社に時間を捧げたから、○○万円くらいは欲しい、という考え方です。これではあくまで**時給・日給の考え方で、時間や肉体を拘束されることで給料をもらうという奴隷意識です。**

経営者の観点から考えたら、社員の価値はどれだけ会社に利益、もしくは利益に繋がることをもたらしたかです。

どんなに頑張っていても、何時間残業をしようとも、会社に利益をもたらしていなければ会社にとってあなたは価値がないも同然です。残業をして時間外手当を稼ごう、時間に応じて報酬をもらおう、と考えている限り大きく稼げる人間にはなれません。

なぜなら、あなたの持っている時間には限界があり、それは誰しも平等に同じだからです。時間を切り売りして報酬を得るのでは、バイトやパートの人と何も変わりがありません。

これぞロボット化・社畜化され、飼いならされた証拠です。**そうではなく、あなた自身の価値を高めることにフォーカスしてください。**

これだけの利益を生み出す人間だから、とか、これだけの業務効率化を行なって経費をカットすることができる人間だから、という目に見える利を会社に与えた人間が高い評価を得るのです。

自分の価値が高まれば、もらえる給与額は自然と増えます。自分が会社に与えている利益はこのくらいだな、といつも数値化しておくといいでしょう。営業部門の社員は利益貢献度がわかりやすいのですが、管理部門でも一緒です。あなたが社内の仕組みを効率化したり、仕入れや生産面で削減した経費などを利益換算するのです。

こうしてしっかり自分の価値を数値化していれば、給料交渉に対して自信を持つことができます。

自分は給料をもっともらっていいはずだ、といつも会社に主張できるスタンスを維持してください。それだけの主張ができる成果を出しているのが前提です。

しかしサラリーマンでいる以上、自分の働きが正確に報酬に反映されるのは限界があります。

日本のいびつでフェアではない評価制度の限界で、成果を出した分が給与にそのまま反映されることは少ないからです。

実際、私はトップセールスとなって社長賞を受けたのに賞金は10万円。翌年のベースアップの同僚との差額は、わずか3000円でした。非常に失望した私でしたが、ほとんどの企業はそんなものです。

たとえば、自分の担当する取引で3億円の利益が出たからといって、10%の歩合で3000万円がボーナス支給されるような会社はまずありません。

もしあなたが営業マンで、成果に応じた報酬を得たいというなら、実力で年棒が決まる外資系企業か、完全フルコミッションの営業会社に転職すべきでしょう。でなければ自分で起業し独立するしかありません。

現行の制度の中でやっていく以上、報酬の額だけを追い求めるのは無理があります。目先の視点で給与を上げるにはどうするか？　という気持ちではなく、経営者の視点でどうやったらこの取引額が3億円から5億円に伸びるのかということを意識して仕事をするのです。それが実現したら、堂々と給与交渉もできます。

結局のところ給与というのは一番わかりやすい評価の基準です。自分の実績を数値化しておくと同時に自分の価値も数値化できるからです。

そして会社で高い評価を受ければ、同じ業界からも実力を評価されるようになり、転職市場でも売り手主導で戦えます。

来たるべきときのために、自分を高めて高く売る交渉術も身につけておくのです。

私の知人のある編集者は、ベストセラーを連発しているのに会社がちっとも給与を上げないので、待遇が変わらないなら辞める！　と宣言し、月給にして5万円の給与アップを得ました。サラリーマンの5万円昇給は、なかなかすごいですよね。

しっかり実績を重ねていたからこそ実現した昇給です。

そしてアップ額以上に価値があるのが、ここで蓄積されたスキルです。彼はベストセラーをつくり出す自分なりの編集ノウハウとスキルを身につけました。

それが一番大きな財産です。これで彼はどの出版社に行っても活躍できるでしょうし、自分で本のプロデュースを行なうこともできるのです。

若いうちの〝苦労〟や〝我慢〟が報われるとは限らない

33

社畜は、借金が怖いのに
住宅ローンは気にしない。
仮面社畜は、勝負どころでは
借金をいとわない。

本当にやりたいことが自分でわかっていて、お金を借りて投資しても見返りや勝算があるならば、借金をしてかまわないと私は思います。

チャンスはそうそう転がっているわけではないので、ここぞというときには借金をしてでも成功をつかむべきときがあると思います。

なぜなら、**勝負どころで迷わずにお金をかけられる人間が、結局は勝つのです。**

私も昨年から著書を出版し始めましたが、広告費には数千万円をかけています。

それが10万部超のベストセラーになり、ここから得られる価値はお金だけでは測れないほど大きなものです。

そういう私自身のサラリーマン時代は、プライベートでやりたいことを全部やっていたので会社の給料だけではお金が足りない日々でした。

カード支払いを乱発しているうちに、ボーナスをもらった瞬間から残額がないくらい常に支払いが溜まっていました。

日本人なら誰もが知っている企業ですから、給与もそんなに悪かったわけではないと思います。

しかも独身で家族がいたわけでもないから給与は全部自分で使えました。それでも足りなかったのですから、一般的に見れば浪費家でしょう。

しかし、お金の使い道で後悔したものはありません。どれも欲しいもの、やりたいことでしたから。

支出が収入を上回っていることは明らかでしたので、なんとかしなければという気持ちでいっぱいでした。

「なんとかしたい」という気持ちがあったからこそ、ネットでの副業に目覚めていったのです。

これがもっと高給な会社だったらもっとのんびりしたサラリーマンだったかもしれません。

欠乏感や焦りで火がついたからこそ、頑張れたのです。

特に20代は、多少の借金や失敗をしても失うものはほとんどなく、いくらでもやり直しができる世代です。どうしても欲しいものは買って何かに夢中になってチャレンジを続けてください。

ちまちま積立て貯金をして、頭金を払って30年ローンの住宅購入をするようなステレオタイプな人生設計はやめましょう。

「欠乏感」や「焦り」が、やる気に火をつける

34

社畜は、経費を使う。
仮面社畜は、自腹を切る。

個人の家計と同じで、会社には会計や経理が存在しています。

仕事もコスト意識を持って進めることをおすすめします。**今やっている業務にはいくらの支出があり、それに対してどんなリターンがあるのかという計算をいつも頭に置いておきましょう。**

するとビジネスの基本的なセンスが身についていきます。あなたのデスクがあるオフィスにも家賃があり、什器備品、光熱費、人件費が毎日かかっています。

あなたが営業マンなら、これから取引が伸びそうな顧客には、何度も足を運ぶという労力と時間のコストをかけるでしょうし、お歳暮などを購入する費用も必要でしょう。

私は、有力なお客さんのところに行くときは自腹を切ってお菓子などを持参していました。会社に申請してもよかったのですが、手続きが何かと面倒なのです。

それ以外にも、交際費とか経費の手続きはけっこう煩雑なので他の社員はマメにやっていたようですが、私はその事務手続きが嫌でよく自分の財布から出していました。

実際、数千円でお客さんの心が緩むなら安いものです。

会社で、よく忘れられがちなのは、あなたという社員の人件費、つまり給料です。これを考えて有効に回収しようという意識が上司も部下も弱すぎるのではないかと私は思います。

私が会社員の頃、勤務地は品川だったのですが、新横浜まで急な外出用件が発生し、急ぎなので新幹線で行かせてくれと頼みました。

しかし上司の答えは「経費削減のために普通電車を使って行くように」というもので、非常にがっかりしたことがあります。

確かに交通費の支出コストは抑えているかもしれませんが、代わりに移動に時間がかかってしまうのです。

ということは、私という社員の人件費を大きくロスしているということです。

これはいったいどっちが損で得なのか。

私が早く行って帰ってくれば、その分顧客への提案書や見積書をつくる時間が生まれ、売上が伸びるはずではないですか？

そこを全く考えずに、目先の経費をケチる意味が私には全くわかりませんでした。

社員という貴重なコストのかかった資源を有効活用する意識に欠けていると言わざるを得ません。

その一方で、大勢の社員が無駄に残業をしている間に使われる光熱費は気にならないなんて、上司の頭の中はどうなっているのか、大いに疑問を感じたものです。

これまでもいろんな場面で私は言ってきましたが、会社という組織がやっていることは、このような無駄と矛盾だらけです。

このおかしな考え方や風習に決して染まらず、あなたはビジネスをどう効率的により成功させていくかに専心してください。

何ごともタイミングのよい投資を行なわなければ、ものごとはうまく運びません。

ですから、ここぞというときには、お金をどんどん使うべきです。

経費と売上、利益のバランスが成り立っていれば、商売は必ずうまくいくのですから。

組織の「無駄」と「矛盾」に染まらず、ビジネスの成功に焦点をあてる

35

社畜は、体のことを気遣い睡眠時間を大切にする。仮面社畜は、寝る時間など気にせずやりたいことに熱中する。

若いうちの体力は強みです。何かをやり始めて熱中したら、寝ないで朝まで続けるくらいの気合は必要です。**たとえ遊びでも、楽しければ朝までやり続けるくらいでちょうどいいでしょう。**

私が副業で稼ぎ始めた頃は、文字通り時間を忘れてのめり込んでいました。会社の給与ではなく、自分ひとりの力で、やった分だけ稼げるということがものすごく面白くてしかたがなかったのです。

会社が終わり夕飯を食べた後、だいたい夜の9時からスタート。パソコンの前にかじりついて、午前3時、4時くらいまで、全く眠気を感じず作業に没頭していました。

作業自体が発見の連続でしたし、しかもそれがけっこうな収入になるので、止められないのです。

たまにですが20代の若さで健康オタクの人がいます。別に好き好きですが、健康に気を遣う余裕があるのは、他にやりたいことのないヒマ人に見えます。

そういう人は、翌日の仕事のクオリティが落ちるから6時間は寝ないとね、などと言いますが、気合でなんとかなるのが20代なのです。何かにハマったら勢いとノリで押しまくりましょう。

むしろ寝食を忘れて、多少無理してもやりたくなるようなものを見つけることが大切なのです。変に醒めてダラダラと過ごすよりずっといい。

何かに夢中になっていると、楽しさのあまりその対象に没入して、時間感覚を失ってしまう「フロー状態」とか「ゾーン」と呼ばれる状況を体験します。

3、4時間経過しているのに30分ぐらいにしか感じないということが起こります。これは子供の頃、遊びやスポーツに夢中になって我に返ると既に日が暮れかけていたというような経験と同じです。

何かをつくるとき、成し遂げるときは、この状態をつくることで怖ろしい効率や成果を出すことができます。

スポーツ選手がベスト記録を出したり、仕事で素晴らしいアイデアや成果物をつくり出したり、ということが起きます。

起業して財を成すような人は、みんなこういう時期の経験を持っていて、寝ないでひとつのことをやり続ける時間や期間を過ごしているものです。

夢中になってやっている瞬間はその行為自体に幸せを感じているので、寝ることや食べることなどの生理的欲求を超越します。こういう幸福を味わえる人ほど成功しやすいと言えるでしょう。

睡眠時間とか体調管理とか健康が気になってしまう人は、それがまだ見つかっていないのだと思います。

ぜひ20代のうちに夢中になるものを見つけ、その世界でフロー状態を体験してください。

成功者は「ゾーンに入る」経験を一度はしている

36

社畜は、会社に時間を使われる。
仮面社畜は、情報収集と勉強の時間を最優先する。

日本の会社員は、圧倒的に勉強不足です。私は会社員時代に周りの人があまりに本を読んでおらず不勉強なのでがく然とした経験がありますが、それは、**社内営業とか接待とか無駄なことにあまりに時間を費やし過ぎ**だからです。

もっと個人のビジネススキルを上げなければなりません。それはパソコンスキルだけではなく、交渉術だったりプレゼンスキルだったり多岐にわたりますが、スキル以前に単純に情報量が足りないということを感じます。

業界全体の知識だったり、国際的な情勢だったり、専門的な知識だったり、自分の仕事に直結することでさえ、知識や情報の絶対量が不足しているのを感じます。

情報量が少なかったり、認識を間違えていると、ビジネス思考や取り組みに影響しますので非常に重大なのです。マーケティングの部署に在籍しているのに、先進国アメリカのバイブル的な本の存在すら知らない。これではいけないわけです。

知識のない中どうしているかというと、先輩に教わった会社の伝統的なやり方と前例と目の前の市場データだけでひたすら仕事をしていくのです。

それでなんとかなっているうちは楽かもしれませんが、視野が狭いので絶対に頭打ちになります。そのときに仕事の選択肢を増やしてくれるのは、勉強以外にありません。

王道を知り、亜流を知り、最先端を知る。

関わっている業界で、そのジャンルの勉強をしていないのはプロとは言えません。会社を一歩出ればあなたは会社を代表する顔になります。その道の専門家なのです。

仕事以外でも同様で、あなたがやりたいことについては、先人が積み重ねてきた王道から学んでおくことをおすすめします。

なのに、目の前に転がってきたどうでもいい雑務ばかりの仕事、人づき合いなどに忙殺されて、自分を磨くための大切な勉強時間を失っている人があまりにも多い。

勉強の必要性に気づいていても「忙しい」という言い訳を使って、先送りにしていくのです。確かに、勉強時間というものには緊急性がないので、無自覚でいるとどんどん後回しになってしまいます。

それを確保するためには、余計なものを排除して決まった勉強時間を固定しておくことです。この時間をつくる行為は意識しないとできませんし、ひとつの能力です。

人によって通勤時間だったり、土日のどちらか丸一日であったり、平日の夜の2時間だったり様々です。いずれにせよこの時間をキープするのとしないのとでは、半年後、1年後にはものすごい差になって現れます。

勉強といっても、やりたいことがわからないので何を勉強していいかわからないという方がいます。そういう方は、まずやりたいことを見つける必要があります。しかし、**私が問題視しているのは、あなたの知識や情報、世界が会社内で全て完結してしまうこと**。そうではなく、社外の情報に触れることが勉強になるのです。ですから、あなたの世界を広げてくれるものは、すべて勉強になります。本を読むことも、ネットで情報を拾うことも、社外の人に会って話を聞くのも勉強のひとつでしょう。

普通に会社で勤務をしていると、絶対に勉強が足りなくなって知識不足に陥ります。毎度のように同僚と飲みに行って同じ話をしている場合ではないのです。

その危機感すらも持っていないとしたら、今後の時代に取り残されてしまいます。

社内営業の時間を、ネットで情報を拾う時間にする

37

社畜は、会社の同僚とつるむ。
仮面社畜は、仕事も遊びも
関係なく楽しむ。

今までも書いてきたように、会社の同僚とプライベートでまで一緒に遊ぶのはつまらないのでやめにしましょう。

社外で新たな出会いや人間関係をつくれる遊びをしましょう。遊びで出会った人は、利害関係が全くないのでよいのです。

ここで気が合う相手が見つかると、そこから仕事が生まれることもあります。同じ遊びが好きというところで、元々持っている価値観などウマが合いやすいと言えます。

遊び自体は、楽しければなんでもいいのです。私はサッカーが好きなので、独立後に出会った仲間から募集してフットサルのチームをつくっています。

そのメンバーは社長、会社員、フリーの人、学生など。職種や年齢、年収などは全く関係なく入れるチームです。

ここで1カ月に1回は汗を流すようにしています。試合後にどうでもいい話が混然と飛び交う中でビジネスの種やアイデアが生まれることもあります。

また室内でウイニングイレブンというサッカーゲームの大会を開くこともあり、いい大人がコントローラーを握りしめて数時間を熱く過ごします。

しかしここ数年、私にとっては遊びと仕事の境界線がだんだん曖昧になっていて、自分の意識上では何をやっていても一緒になってしまいました。

この本の出版も、私にとってはある種の壮大な遊びです。本書には私の伝えたい強烈なメッセージを込めていて、それを伝えたいという目的がもちろんあるのですが、目を血走らせて悲壮感を漂わせながら原稿を書いているわけではありません。私の思っていることをどうやってうまく伝えようかと、ワクワクしながら書いています。

そして本というのは、今はまだ小玉歩を知らない人にも私を知ってもらう可能性のある夢のあるメディアです。それを考えると私は出版という事業が楽しくてたまらないのです。遊びなのか、仕事なのか、もはや境目はありません。これは、私がかつてやっていたバンドの活動ともどこか共通しています。お客さんを集めてメッセージを届ける。心を動かしてあげる。根底は一緒です。

それ以外のビジネスも、私にとっては基本的には同じ。つくり上げていく過程でどんなふうにお客さんに影響を与えられるのか？　その反応が楽しくてたまらないので私にとってこれはゲームのようなもの。どうやってゴールにたどり着くか、模索しながら工夫をしていくところに面白みを感じているのです。今は私自身、ワクワクするビジネスしかやりません。ですから、遊びと区別がないのです。遊びとの違いはそこにお客さんがいるのか？　お金が発生しているのか？　ということだけです。

今までに有能なビジネスマンや経営者と何人もお会いしてきましたが、みんな仕事もプライベートも区別がないという点で共通しています。

私の予想ですが、大企業の経営者、たとえば孫正義氏や柳井正氏にしても大きなプロジェクトを進めるとき「壮大なビジネスゲーム」を攻略するような気持ちでやっているのではないか、と思うのです。

ビジネスの舞台で自分がプレーをし、困難を乗り越えて目標地点をクリアしていくことが最大の喜びなのです。もちろんビジネスには理念や社会的意義もありますし、責任もあります。ただ、仕事に向かっていく姿勢は、ボールを蹴るのが好きでグラウンドに向かう少年の心と大きな違いはないのではないかと思います。

遊びも仕事もゲーム感覚で行なう

38

社畜は、休日にゆっくりしようとする。
仮面社畜は、休みも平日も特に区別はない。

仕事をクリアしなければいけないゲームだと思えば、戦闘モードは平日も休日もあまり関係なくなります。

現在の私の場合、前項で書いたゲーム感覚が定着しているので、仕事もプライベートもやることすべてがつながってきて境目はとても曖昧になってきます。

こうなると、仕事をしているという感覚がないので、あえて「休み」も必要ではなくなります。ハマっているゲームを継続してしまうように、やりたい仕事がしたくてたまらなくなるのです。誰かに使われている感もないので精神的に楽です。

もちろんこれは会社の仕事だけとは限りません。副業、趣味、遊び、あなたに課題を突きつけ目標達成を迫るものはすべて同じ。

この日は仕事、この日は休日と下手に決めてしまうから切り替えに苦労するのです。**自分はビジネスマンなんだという覚悟のもとに毎日を戦い、楽しみながらクリアして次のステージに行くのです。**

完全に自分本位と考えれば出勤日も休日も、就業時間もないようなもの。たまたま会社という場所を借りて実地でビジネス修業ができているのだと思えばラッキーです。

休日のデートで遊園地にいても、買い物をしていても頭の片隅にはいつもビジネスマンの自分がいる。これは上の空ということではありません。**ビジネスも遊びも同じ地平で見つめることができる。**これが大きく成功するサラリーマンの頭脳です。

会社を気にしているのではなく、ビジネスそのものを成功させたいのです。

とはいえ、仕事やプライベートのスケジュールが始終パンパンだと息切れして視野が狭くなる場合もあります。

ですから、週1回くらい何も予定を入れない空白の日をつくるのもよいでしょう。自分が勉強する時間を確保する。もしくは話をすることでインスピレーションを得るような社外の人と会うようにします。

現状の営みで停滞しそうになる自分を前に進める栄養チャージと、勉強に使うのが望ましいです。平日はどうしても仕事に多くの時間を割かれるのですから。

私は、本当に役に立つ刺激やインプットは、結局人間からしか得られないと思っています。書物も書き手から得る刺激のために読むのですが、リアルで会っての対話から受ける刺激以上のものはありません。

私は信頼している仕事のパートナーと会って2時間くらいああだこうだと喋るだけで、ものすごくパワーがチャージされます。それはパートナーもビジネスや人間に鋭敏なアンテナを立てていて常に向上心を失わないからです。

長く続く友人やパートナーというのは、そういう存在。グチを言ったり会社の悪口を延々と言い合う相手は要りません。

空白恐怖症というか、休日のスケジュールを無理に埋めようとする人がいますが、これは病気です。**クリアな頭で自分を客観的に見て、本当にやりたいこと、勉強したいことなどに想いを馳せる時間には価値があります。**

間違っても、休日まで会社の人間関係に浸食されないようにしてください。課の人間とバーベキューをするなど、完全に不要な行事です。

ビジネスも遊びも同じ地平で見つめる人が成功する

39

社畜は、通勤時間を有効に使おうとする。
仮面社畜は、内緒で会社の近くに住む。

始業時間より早出出勤を強制する会社は完全に病んでいます。部署全体でそれを慣習化しているとすれば、かなりヤバイのであなたは従う必要はありません。

早出していることを自慢げに語るサラリーマン文化も悪しき風習です。実際は、郊外に建てたマイホームが遠過ぎて、長時間の通勤ラッシュを避けるために早く出社しているだけだったりするのです。

通勤に関しては、朝の暴力的な満員電車護送を避けるために、通勤時間をなくしてしまうことをおすすめします。**それは会社のすぐ近くに住んでしまうことです。**

私は品川の会社に通うのに最初は千葉の寮から1時間をかけて通っていましたがあまりにひどい混雑ぶりに辟易《へきえき》して、電車で15分の場所まで引っ越しました。

それなりに家賃の出費は上がりましたが、ラッシュ時の地獄のような満員電車で通勤しなくてすむことで明らかに仕事も生活も生産性が上がり、気持ちが豊かになりました。

空いた通勤時間はそのまま家での勉強や情報収集に使えるようになりました。通勤時間をどう過ごすか？　という課題自体をなくすことができたのです。

正直なところ、家賃が安いから、という理由で職場から遠いところに住んで、代わりに通勤のストレスを我慢するのは費用対効果の面で疑問です。

私はお金を出して近いところに住み、満員電車の非人間的な環境で失っている時間を取り戻すほうが価値が高いことを身をもって経験しました。

特に独身でひとり暮らしをしているなら絶対に勤務する会社の側に住んだほうがいい。お金を多く出してでもストレスを回避して時間を捻出することのほうが、価値が高いのです。

心配な点として、職住が接近していると同僚のたまり場になるのでは？　と思う人がいるかもしれません。

しかしあなたはすでに同僚とは仕事内の関係性しか持たないと楔《くさび》を打っているはずなので、それは大丈夫。わざわざ近くに住んでいることを明かす必要もありません。

ちなみに、東京の渋谷にある某ＩＴ企業では、社員が会社のすぐ側に住むと手当が出るそうです。

しかしこれは、職場の近くに住まわせて電車で帰れなくなる時間までたっぷり拘束してこき使おうという会社側の魂胆らしいです。そんな会社もあるので、事前の注意が必要です。

満員電車に乗ることで仕事と生活の生産性は下がる

40

社畜は、同僚と飲みに行く。
仮面社畜は、トイレに行く
ふりをして消える。

仮面社畜にとって、就業時間の終了直後が一番気をつけなくてはならない魔の時間帯です。

突然振られる頼まれ仕事、飲み会、残業、上司とのおつき合い……。

人間にも慣性の法則が働きますので、職場にダラダラいてしまわないように自分を律して帰る選択をしなければいけません。

たとえ自分の仕事が終わっていても、どんなに役割以上のパフォーマンスを上げていても、やはり上司や皆が残っている状態は帰りづらいもの。

それは3時間で100の成果を上げられるうさぎより、10時間で100の成果を上げる亀のほうが頑張っているように見える、という日本的な感情論も影響しているのかもしれません。

しかし、ここでうかうかしていると貴重な自分の時間を奪われるので、なんとしても夜の時間は自分のために確保しなければいけません。

私用の電話を受けたフリをして廊下に出てそのまま帰るとか、いかにも自販機にでも行ったかのように、机を散らかしたまま手ぶらで外に出てそのまま帰るとか、あら

ゆる策を弄して退社し、定時退社のキャラをつくってしまってください。

あいつは要領のいい奴だという評判になると若干反感も買いますが、誘われづらくなるのでかえって好都合です。

繰り返し言いますが、これはあくまでも社員として期待以上の成果を出していて初めてできることです。

まだ自分が会社の職務で半人前だと思うなら、まずは短時間で人並み以上の成果を出せるようにスキルアップをしてください。

そうなるためにも新人の頃からちゃんと自分の時間をとって勉強しておくべきなのです。パソコンスキルだってなければ早く仕事を終わらせることはできませんよね。

そして、ダラダラ無駄な時間を過ごしている中堅社員なら、ビジネスマンとして自分は何を目指しているのか？　どこに向かっているのか？　それを考えてください。

会社ではどんな働きをし、会社以外で何を為すか。これをはっきり意識していないと、会社組織に依存した人生しか歩けません。

仮に運よく定年まで勤めたとしても、あなたが得られる収入も自由も限られたものです。そこから一歩も二歩も抜きんでるためには、自分の価値を磨いて際立つしかないのです。

若いうちに、有意義な時間と場数をどれだけ踏めるかです。決まりきったような毎日を送っている暇はないのです。

くだらない残業時間やパターンが同じ飲み会の時間を自分への投資に使えたなら、1年間にどれだけの時間がつくり出せるか。時間があなたにとって最大の資源です。

上司を〝ダマして〟でも定時に帰る習慣をつける

41

社畜は、
打合せという名の雑談を
2時間する。
仮面社畜は、
打合せを必ず30分で
終わらせる。

打合せはできるだけ短い時間で切り上げるのが、デキるビジネスマンの条件です。30分間で終わることをダラダラ1時間もかけて話すのは、社内の無駄な会議と同様にあなたのデッドタイムになります。

コツとしては「ケツ」を決めること。つまり、終わりの時間を始まる前に予告しておくことです。

こうするだけでスピーディに議題は進み、打合せは必ず早く終わるようになります。逆に終了時間を言っておかないと、余計な無駄話から逃れられません。

特におしゃべり好きな相手の場合は最悪です。途中で話が逸《そ》れてあっちへいったりこっちへいったり、時間が倍以上にふくらみます。

目安としては議題の重さや軽さに関係なく打合せはすべて「30分」と決めておくのがいいでしょう。

最初にあなたが司会を務めることを宣言し「この後のアポがありますので、○○分までに片づけましょう」と時刻まで指定しておきます。

外の打合せや相手に来てもらっている場合、わざわざ会いにきて30分？　ちょっと物足りないよ……と思われるかもしれませんが、そのくらいのほうが余韻が残っていいのです。

当然30分間で終わらせるために打合せの議事内容はあなたの頭にしっかりインプットされていなければいけません。


そして、打合せの着地点や結論のためのアイデアもいくつか用意しておきます。ここをノープランで臨んではコンパクトにまとめることができません。

落ち着きどころもシナリオとして描いておくほうがいいのです。

すんなりいけば、この結論でいこう。

反論を受けた場合はこっちの代替案、というように自分が主導権を握れるように気の利いた案を用意しておくのです。

デキるビジネスマンは、打合せ場所に向かう移動中にこのくらいのことをやっておくことができます。

だからこそ会合を短くすませることができるのです。

デキるビジネスマンの打合せは〝30分間〟で終わる

42

社畜は、
間違いを恐れて完成が
遅いのでタイミングを逃す。
仮面社畜は、
何ごともスピードを意識して
アウトプットの量を増やす。

前項では、打合せを早く切り上げることのメリットを書きました。また、デキる社員は、仕事のスピードが早いということも書きました。

今のビジネスマンが他より頭一つ抜きんでるには、すべてにおいて処理スピードの早さを求められます。それは学びにかける時間も一緒です。

英語やＩＴ、会計など新しいスキルを学ぶ場合、速習を意識して行なうことです。学びとは、目的の達成のために行なうスキルや知識の習得です。学び自体に多くの時間をかけ過ぎては、肝心の実践にたどり着きません。

また、新しい部署にあなたが赴任した場合、未知の分野の業務内容を一から学んで頭に入れなければなりません。

そこに半年も1年もかけているようでは会社もあなたの人生も終わってしまいます。社内、社外からのリサーチ、業務の全体像の把握や実態の分析、問題点や改善案の抽出などを短期間に徹底的に行なってください。

現在地の正確な理解なくして、あなたの方向性は見つからないです。

ここで意識したいのはインプットとアウトプットの間隔の短さです。インプットは情報の収集や学びの段階で、アウトプットは仕事を実際に進行する過程です。

インプットの量が少なすぎる段階でアウトプットをすると失敗するのでは？　と心配すると思いますが、アウトプットは学びのスピードを早める最大の方法でもあります。

そこでインプットがある一定量に達したらどんどん実践し、応用していきましょう。少々の失敗や恥は未来の成功のための栄養になります。

これからのビジネスマンには、インプットからアウトプットのサイクルをどれだけ短く早くできるかということが求められています。

スピードを上げるコツは、前にもお話ししたとおり、最初にやること、やらないことを瞬時に決めてしまうことです。取捨選択をしっかり行なわないと、多すぎる情報に溺れてどんどん流されてしまいます。

俯瞰して全体像を把握し、やるべきことを絞って選択することが、スピードを手に入れるために重要なのです。

完璧を目指して完成が遅れたら価値がありません。

現在の経済環境はネットの進化に引っ張られるように変化のスピードが非常に速く

なりました。

進行させながら、随時変更を加えていくというやり方ができないと市場のニーズにも応えられません。

5割か6割完成したら走り出すくらいのスピード感でいいのです。後は動きながら修正を加えていくのが望ましい。

情報量が多くなり、価値観が多様化している時代ですから、インプットからアウトプットの処理スピードの早さが勝負の分かれ目となる場面も多々あります。

タイミングを逸すると、ビジネスチャンスも逃してしまいますから、変化への対応力というものが求められます。

「完璧さ」より「スピード感」を重視することでチャンスはつかめる

あとがき

「社畜」という言葉を調べるとウィキペディアでは、このように述べられています。

「社畜（しゃちく）とは、主に日本で、勤めている会社に飼い慣らされてしまい自分の意思と良心を放棄し奴隷（家畜）と化したサラリーマンの状態を揶揄《やゆ》したものである。『会社＋家畜』から来た造語で、『会社人間』や『企業戦士』などよりも、皮肉が強く込められている言葉である」


ここで一番注目していただきたいのは「自分の意志と良心を放棄し」という部分です。よく考えてみてください。「放棄」とは強烈な響きです。

世のサラリーマンは自身の現状を肯定しながら生き続けています。そして、周囲の人間関係を含め、すべての環境がその肯定を強化します。

これは、どういうことかわかりますか？

そうです、「洗脳」です。

私も長らくサラリーマンをしていましたが、サラリーマンに疑問を感じるまでには、かなり時間がかかりました。それに気づくことができたのは、サラリーマン以外の世界を見たことがきっかけです。自身のビジネスを通して他の世界をのぞくことで、サラリーマン以外の常識があることを知りました。

しかし、ほとんどのサラリーマンはサラリーマンとしての人生しか基本的にはありませんので、今の自分の世界がすべてです。そして、そこで常識とされていることだけが常識なのです。

よく自分のことを「社畜だ」という方がいますが、実はこういう方々は社畜化していないと私は思っています。本当の社畜とは、自分が社畜であるという認識が全くないままに、会社の奴隷と化した人生を送っている方々です。

彼らは、会社の洗脳や社会の洗脳が完了しているので、自身が社畜であることに一切気づきません。それどころか、自身が洗脳されていることを真っ向から否定します。これは洗脳された人間の特徴でもあります。

ですから、本当の社畜は自分が社畜であることを決して認めることがないのです。

私が本書を通して、第一に言いたかったのは、多くの人が「社畜になってしまっている」ということに気づいてほしいということ。

そもそも、企業が利益を追求するときに、社員を法律の範囲内で極限まで働かせるのは、資本主義社会の中では至極当然です。

これは、近年に限った話ではなく、資本主義社会が立ち上がってから延々と続いています。マルクスも「労働者は搾取され続ける」と言っています。

ということは、この世の中でサラリーマンとして働くということは、社畜になるのに等しいのです。

少し考えてみてください。世の中の85%はサラリーマンとして働いています。その中で、会社の業務に強い想いを持って日々の仕事にバリバリ取り組んでいる、いわゆる「企業戦士」はどれほどいるでしょう。

ほんの一握りの限られた社員だと思います。私のサラリーマン時代を振り返っても、200人ほどいるフロアに3人いればいいほうだったはずです。それ以外の社員は、毎月25日に会社から振り込まれる「給料」という名の「餌」をもらうために、自分をなくして労働を続ける日々を送るのです。

これって、日本総社畜状態ではありませんか？

ですから、社畜が嫌だといって転職したところで、その先でも社畜となる毎日が待っているのです。でも、今すぐ独立起業しようとしても一朝一夕にいかないのはおわかりだと思います。

そこで、私が提唱したのが『仮面社畜のススメ』です。

資本主義社会の中でサラリーマンとして働く以上、「社畜」から逃れることは困難です。しかし、自分を失くして日々を送ることは人間的であるとは到底思えません。

だからこそ、今の時代で最も正しい答えが仮面社畜という生き方なのです。

もしかしたら、本書を読み進めていくうちに項目によっては拒否反応が起こるほどに納得できないこともあったかもしれません。

しかし、この拒否反応が起こる瞬間こそが一番大事な瞬間です。なぜなら、そのときが自分の常識外の常識に触れているからです。

完全に納得するものは、結局自分の思考の範囲内の出来事ですので大きな変革をもたらしません。自分のマインドに変革が起こるのは、自分の思考外の思考に触れたときです。

ですから、納得いかないものにこそフォーカスして欲しいのです。

その結果「拒絶」という選択をしてもかまわないと思います。重要なのは、「そのような常識が存在している」ということを知ることなのです。

今、この文章をここまで読み進めているということは、あなたは少なからず今の働き方に満足していないのだと思います。

サラリーマンである以上、人生のほとんどを働くことに充てていると言っても過言ではありません。

ということは、働き方を変えると人生も変わるのです。そのために必要なことは、たったひとつ。

マインドを変えるだけです。

あなた自身がマインドを変えることで働き方が変わり、ひいては人生が変わります。

本書では、そのためのマインドについて紹介させていただきました。

これを受け止めるか拒絶するかは、あなたの自由です。ですが、わずかでもあなたの働き方に変化をもたらすことができたら、本書を世に出した意味があるのではないかと思います。

あなたが、理想の自分を実現することを願っています。

小玉　歩

●著者略歴

小玉　歩（こだま・あゆむ）

1981年、秋田県生まれ。2003年、新潟大学卒業後、キヤノンマーケティングジャパン株式会社に入社。就職後、趣味でやっていたバンドのストリートライブが音楽業界関係者の目にとまり、2008年にサラリーマンのままメジャーデビュー。同時期に社内では優秀社員として表彰され、花形部署であるマーケティング部に異動、デジタルカメラの国内マーケティングを担当する。

しかし、2011年、インターネットを使った副業の収入が1億円を超えたことが会社にバレ、解雇される。

現在、Frontline Marketing Japan株式会社代表取締役、Frontline Beauty株式会社代表取締役。同社ではデジタルコンテンツ販売をはじめ、美容室、美容皮膚科、歯科医、飲食店のインターネットマーケティング、書道家、英語教師、ダンスグループのプロモーションなど、インターネットを駆使したビジネスを多岐に展開。

これまでの経歴とビジネス哲学を説いた『クビでも年収1億円』（角川フォレスタ）はシリーズ累計15万部を突破。新時代の人づきあいを説いた『3年で7億稼いだ僕がメールを返信しない理由』（幻冬舎）は5万部のベストセラーとなる。

プロデュース：長倉顕太（イデアパブリッシング）
編集協力：木村保　森下裕士
本文デザイン：白石知美㈱システムタンク

仮面社畜のススメ

2013年12月31日　第1刷
2014年 1 月25日　第4刷

著　者　小玉 歩
発行者　岩崎 旭
発　行　株式会社李白社
〒162－0815　東京都新宿区筑土八幡町5－12　相川ビル2F
電話　03－3513－8571　FAX 03－3513－8572
URL　http://www.rihakusha.co.jp
発　売　株式会社徳間書店
〒105－8055　東京都港区芝大門2－2－1
電話／販売　048－451－5960
振替　00140－0－44392

＊本書の内容に関するお問い合せは発行元の株式会社李白社へお願いいたします。

印刷・製本／日経印刷株式会社

ISBN978-4-19-863723-1　Printed in Japan
乱丁・落丁本はお取り替えいたします。